U0993769

科研事业单位内部控制建设与实施指南

Guidelines for the Establishment & Implementation of Internal Control in Scientific Research Institutions

闫宝琴◎编著

中国经济出版社
CHINA ECONOMIC PUBLISHING HOUSE
·北京·

图书在版编目(CIP)数据

科研事业单位内部控制建设与实施指南 / 闫宝琴编著. --北京: 中国经济出版社, 2022.8(2024.9 重印)
ISBN 978-7-5136-7064-7

Ⅰ. ①科… Ⅱ. ①闫… Ⅲ. ①科学研究组织机构-内部审计-研究-中国 ②行政事业单位-内部审计-研究-中国 Ⅳ. ①G322.2 ②F239.66

中国版本图书馆 CIP 数据核字(2022)第 153105 号

策划编辑 崔姜薇
责任编辑 张 博
责任印制 马小宾
封面设计 任燕飞装帧设计工作室

出版发行 中国经济出版社
印 刷 者 北京中石油彩色印刷有限责任公司
经 销 者 各地新华书店
开 本 710mm×1000mm 1/16
印 张 11.75
字 数 200 千字
版 次 2022 年 8 月第 1 版
印 次 2024 年 9 月第 3 次
定 价 78.00 元
广告经营许可证 京西工商广字第 8179 号

中国经济出版社 **网址** www.economyph.com **社址** 北京市东城区安定门外大街 58 号 **邮编** 100011
本版图书如存在印装质量问题，请与本社销售中心联系调换(联系电话：010-57512564)

PREFACE
前 言

事业单位在我国是指接受国家或地方财政拨款，从事教育、科技、文化、卫生等活动，具备法人条件的社会服务组织。我国事业单位在国内公共事务管理机构中占据较为重要的地位，科研事业单位是事业单位的重要组成部分，其在发展生产力、提升人民生活水平等方面发挥着重要作用。

习近平总书记指出，“给予科研单位更多自主权，赋予科学家更大技术路线决定权和经费使用权，让科研单位和科研人员从烦琐、不必要的体制机制束缚中解放出来”。[①] 李克强总理指出，“要落实扩大经费使用自主权政策，努力消除科研人员不合理负担”。[②]

党的十八大以来，国家深入推进科技领域“放、管、服”改革，党中央、国务院出台了一系列优化科研经费管理的政策文件和改革措施，有力地激发了科研人员的创新活力，促进了科技事业发展。

2014 年，国务院出台《关于改进加强中央财政科研项目和资金管理的若干意见》(国发〔2014〕11 号)，为深入贯彻党的十八大和十八届二中、三中全会精神，落实创新驱动发展战略，促进科技与经济紧密结合，该意见要求通过深化改革，加快建立适应科技创新规律、统筹协调、职责清晰、科学规范、公开透明、监管有力的科研项目和资金管理机制，要求项目主管部门和项目承担单位建立健全内部控制制度，规范科研项目立项资金使用行为，要求各部门建立健全本部门内部控制和监管体系，加强对所属单位科研项目和资金管理内部制度的审查。

2021 年，国务院办公厅印发《关于改革完善中央财政科研经费管理

① 习近平总书记在两院院士大会中国科协第十次全国代表大会上的讲话[Z]. 2021-05-28.

② 中华人民共和国财政部科教和文化司.《国务院办公厅关于改革完善中央财政科研经费管理的若干意见》问答[Z]. 2021-08-31.

的若干意见》(国办发〔2021〕32号),从扩大科研项目经费管理自主权、完善科研项目经费拨付机制、加大科研人员激励力度、减轻科研人员事务性负担、创新财政科研经费投入与支持方式、改进科研绩效管理和监督检查、组织实施等7个方面,提出改革政策和工作要求,有的放矢、精准发力,增强了科研人员获得感,激发了科研创新创造活力。

《国家中长期科学和技术发展规划纲要(2006—2020年)》实施以来,我国财政对科技投入快速增长,为科研事业发展提供了有力支撑。随着国家对科研投入不断加大,科研经费的使用成为党中央、国务院及社会各界关注的焦点问题。规范、高效用好科研经费,成为科研单位义不容辞的使命和责任。因此,加强内部控制建设,注重风险管理,建立廉洁自律的免疫系统已成为科研单位迫切的管理需求。

加强内部控制建设是贯彻落实党中央依法治国的重要举措,党的十八届四中全会通过的《中共中央关于全面推进依法治国若干重大问题的决定》明确提出:“对财政资金分配使用、国有资产监管、政府投资、政府采购、公共资源转让、公共工程建设等权力集中的部门和岗位实行分事行权、分岗设权、分级授权,定期轮岗,强化内部流程控制,防止权力滥用”,为行政事业单位加强内部控制建设指明了方向。

2012年11月,财政部印发《行政事业单位内部控制规范(试行)》(财会〔2012〕21号)(以下简称《单位内部控制规范》),明确行政事业单位内部控制是指通过制定制度、实施措施和执行程序,实现对行政事业单位经济活动风险的防范和管控。该规范适用范围覆盖中央、省、地市、县、乡镇五级政府部门,覆盖党的机关、人大常委会机关、行政机关、政协机关、审判机关、检察机关、民主党派机关、人民团体、事业单位9类行政事业单位,覆盖预算管理、收支管理、政府采购管理、资产管理、建设项目管理、合同管理6大业务活动。为行政事业单位内部控制建设提供了切实可行的操作规范,内部控制成为行政事业单位防范舞弊和预防腐败、提高公共服务效率和效果的重要手段。

2015年12月,财政部印发《关于全面推进行政事业单位内部控制建设的指导意见》(财会〔2015〕21号)(以下简称《指导意见》),推动《单位内部控制规范》的进一步完善和有效实施。为全面推进行政事业单位内部控制建设，在总体要求、主要任务、保障措施等方面提出了指导意见。提出“建立内控报告制度，促进内控信息公开”的改革任务，要求行政事业单位于2016年底前完成内部控制的建立与实施工作，并确定总体目标，到2020年基本建成与国家治理体系和治理能力现代化相适应的，权责一致、制衡有效、运行顺畅、执行有力、管理科学的内部控制体系，更好发挥内部控制在提升内部治理水平、规范内部权力运行、促进依法行政、推进廉政建设中的重要作用。

2016年，财政部印发《关于开展行政事业单位内部控制基础性评价工作的通知》(财会〔2016〕11号)，要求各行政事业单位以量化评价为导向，开展单位内部控制基础性评价工作，对单位内部控制基础情况进行“摸底”。通过“以评促建”的方式，切实落实《指导意见》提出的目标任务，推动各单位于2016年底前如期完成内部控制建立与实施工作。

2017年1月，财政部印发《行政事业单位内部控制报告管理制度(试行)》(财会〔2017〕1号)(以下简称《管理制度》)，落实《指导意见》提出的“建立内控报告制度，促进内控信息公开”的改革任务和要求，进一步加强行政事业单位内部控制建设，规范行政事业单位内部控制报告的编制、报送、使用及报告信息质量的监督检查等工作，更好地发挥内部控制在提升单位内部治理水平、规范内部权力运行、促进依法行政、推进廉政建设中的重要作用。按照《管理制度》，行政事业单位从2016年开始，在年末以本单位当年内部控制工作基本事实的相关材料为支撑编报内部控制报告，至2020年已编报5年。

至此，我国内部控制制度体系已基本建立，财政部搭建了包括《内部控制规范》《指导意见》《管理制度》等制度在内的“四梁八柱”单位内部控制制度体系。

本书结合当前“放、管、服”改革背景和科研事业单位的特点，介绍科研事业单位内部控制体系建设，立足科研事业单位实际，通过梳理科研事业单位经济活动、业务流程和业务环节，分析风险点，抓住关键环节，提出相应内部控制措施。特别是针对科研事业单位横向课题、纵向课题等项目管理，针对科技成果转化等特殊业务，提出具有科研事业单位特点的内部控制制度。

本书着重于具体操作，对风险评估—内部控制建设—内部控制运行—内部控制评价—内部控制完善整个内部控制体系闭环的各个环节进行详细讲解。通过列举实例，对风险评估报告编写、内部控制手册编写、内部控制报告编写进行具体操作指导。

本书集理论与实践于一身，力争成为科研事业单位内部控制牵头部门开展内控工作的工具书，提高科研事业单位内部管理整体水平，为促进科研事业单位健康长久发展，推动国家科研事业发展进程贡献一份力量。

本书还有很多不足之处，需要在实践中不断检验完善。内部控制建设是一个建设—运行—完善—再运行的循环过程，在运行中前进，在完善中提升，所以内部控制建设有起点无终点，始终在路上。

2021年10月

CONTENTS

目 录

第一章 科研事业单位内部控制概述

一、科技领域“放、管、服”改革

（一）我国“放、管、服”改革举措

2015 年 5 月 12 日，李克强总理在全国推进简政放权放管结合职能转变工作电视电话会议上首次提出，“当前和今后一个时期，深化行政体制改革、转变政府职能总的要求是：简政放权、放管结合、优化服务协同推进，即‘放、管、服’三管齐下”。2016 年 3 月 5 日，李克强总理在《政府工作报告》中进一步提出“推动简政放权、放管结合、优化服务改革向纵深发展”。

深化“放、管、服”改革，是推动经济社会持续健康发展的战略举措，目的是打造经济发展新动能。国务院多次召开电视电话会议、下发多个通知（相关文件目录见表 1-1）部署“放、管、服”改革具体工作。要求按照创新、协调、绿色、开放、共享的新发展理念，紧紧抓住转变政府职能这个“牛鼻子”，在更大范围、更深层次，以更有力举措推进“简政放权、放管结合、优化服务改革”，使市场在资源配置中起决定性作用并更好发挥政府作用，破除制约企业和群众办事创业的体制、机制障碍，着力降低制度性交易成本，优化营商环境，激发市场活力和社会创造力，与大众创业、万众创新和发展壮大新经济紧密结合起来，进一步形成经济增长内生动力，促进经济社会持续健康发展。

表 1-1　国务院“放、管、服”改革相关文件目录

序号	文件名	文号
1	中共中央　国务院关于深化体制机制改革加快实施创新驱动发展战略的若干意见	2015 年 3 月 13 日
2	国务院关于印发《2016 年推进简政放权放管结合优化服务改革工作要点》的通知	发文字号：国发〔2016〕30 号 成文日期：2016 年 5 月 23 日
3	国务院办公厅关于印发全国深化简政放权放管结合优化服务改革电视电话会议重点任务分工方案的通知	发文字号：国办发〔2017〕57 号 成文日期：2017 年 6 月 22 日
4	国务院办公厅关于进一步做好“放、管、服”改革涉及的规章、规范性文件清理工作的通知	发文字号：国办发〔2017〕40 号 成文日期：2017 年 4 月 23 日
5	国务院办公厅关于成立国务院推进政府职能转变和“放、管、服”改革协调小组的通知	发文字号：国办发〔2018〕65 号 成文日期：2018 年 7 月 19 日
6	国务院办公厅关于印发全国深化“放、管、服”改革转变政府职能电视电话会议重点任务分工方案的通知	发文字号：国办发〔2018〕79 号 成文日期：2018 年 8 月 05 日
7	国务院办公厅关于调整国务院推进政府职能转变和“放、管、服”改革协调小组组成人员的通知	发文字号：国办函〔2019〕73 号 成文日期：2019 年 7 月 27 日
8	国务院办公厅关于印发全国深化“放、管、服”改革优化营商环境电视电话会议重点任务分工方案的通知	发文字号：国办发〔2019〕39 号 成文日期：2019 年 8 月 01 日
9	国务院办公厅关于调整国务院推进政府职能转变和“放、管、服”改革协调小组组成人员的通知	发文字号：国办函〔2020〕73 号 成文日期：2020 年 9 月 10 日
10	国务院办公厅关于印发全国深化“放、管、服”改革优化营商环境电视电话会议重点任务分工方案的通知	发文字号：国办发〔2020〕43 号 成文日期：2020 年 11 月 01 日
11	国务院办公厅关于服务“六稳”“六保”进一步做好“放、管、服”改革有关工作的意见	发文字号：国办发〔2021〕10 号 成文日期：2021 年 4 月 07 日
12	国务院办公厅关于印发全国深化“放、管、服”改革着力培育和激发市场主体活力电视电话会议重点任务分工方案的通知	发文字号：国办发〔2021〕25 号 成文日期：2021 年 7 月 11 日

近年来，我国各地区各部门采取一系列改革举措，推进“放、管、服”改革向纵深发展，在打造市场化、法治化、国际化营商环境，培育壮大市场主体，更大激发市场活力和社会创造力等方面取得了显著成效。

（二）科技领域“放、管、服”改革

创新是推动一个国家和民族向前发展的重要力量，也是推动整个人类社会向前发展的重要力量，面对全球新一轮科技革命与产业变革的重大机遇和挑战，《中共中央　国务院关于深化体制机制改革加快实施创新驱动发展战略的若干意见》（2015 年 3 月 13 日）中提出了“构建更加高效的科研体系”的指导意见，要求发挥科学技术研究对创新驱动的引领和支撑作用，遵循规律、强化激励、合理分工、分类改革，增强高等学校、科研院所原始创新能力和转制科研院所的共性技术研发能力。

2016 年 5 月 23 日，国务院印发《2016 年推进简政放权放管结合优化服务改革工作要点》，列出了持续简政放权、加强监管创新、优化政府服务三个方面的 15 条措施清单，其中第六条“扩大高校和科研院所自主权”，对科技领域“放、管、服”改革提出要求：凡是束缚教学科研人员积极性、创造性发挥的不合理规定，都要取消或修改；凡是高校和科研院所能够自主管理的事项，相关权限都要下放，特别是要扩大高校和科研院所在经费使用、成果处置、职称评审、选人用人、薪酬分配、设备采购、学科专业设置等方面的自主权。落实完善支持教学科研人员创业创新的股权期权激励等相关政策，促进科技成果转化。为教学科研人员从事兼职创业积极创造宽松条件。

科技领域开启了“放、管、服”改革进程，开启了科研经费管理的各项改革。

（三）科研经费管理政策

科技是第一生产力，良好的政策环境能够最大限度地激发科学技术的巨大生产潜能。科研事业单位作为国家科技创新的主力军，为国家科技事业做出了巨大的贡献。党中央、国务院高度重视科研经费管理工作，出台多项政策文件加强财政科研经费管理，财政部、科技部等部门也相继出台

一系列优化科研经费管理的政策文件（相关文件目录见表 1-2），有力地激发了科研人员的创造性和创新活力，促进了科技事业发展。

表 1-2　科研经费管理政策文件汇总目录

序号	文件名	文号
一、党中央、国务院		
1	中华人民共和国科学技术进步法	中华人民共和国主席令（第一〇三号）
2	国务院关于改进加强中央财政科研项目和资金管理的若干意见	国发〔2014〕11 号
3	国务院印发关于深化中央财政科技计划（专项、基金等）管理改革方案的通知	国发〔2014〕64 号
4	中共中央办公厅　国务院办公厅印发关于实行以增加知识价值为导向分配政策的若干意见	厅字〔2016〕35 号
5	中共中央办公厅　国务院办公厅印发关于进一步完善中央财政科研项目资金管理等政策的若干意见	中办发〔2016〕50 号
6	国务院关于优化科研管理提升科研绩效若干措施的通知	国发〔2018〕25 号
7	国务院办公厅关于抓好赋予科研机构和人员更大自主权有关文件贯彻落实工作的通知	国办发〔2018〕127 号
8	中共中央办公厅　国务院办公厅印发关于深化项目评审、人才评价、机构评估改革的意见	2018 年 7 月 3 日
9	中共中央　国务院关于全面实施预算绩效管理的意见	2018 年 9 月 1 日
10	国家科学技术奖励条例（2020 年 12 月 1 日起施行）	国务院令第 731 号
11	国务院办公厅关于进一步深化预算管理制度改革的意见	国发〔2021〕5 号
12	国务院办公厅关于完善科技成果评价机制的指导意见	国办发〔2021〕26 号
13	国务院办公厅关于改革完善中央财政科研经费管理的若干意见	国办发〔2021〕32 号
二、国家自然科学基金		
1	国家自然科学基金条例（2007 年 2 月 24 日）	国务院令第 487 号
2	关于印发《国家自然科学基金重大项目管理办法》的通知	国科金发计〔2015〕60 号

续表

序号	文件名	文号
3	国家自然科学基金委员会　财政部关于进一步完善科学基金项目和资金管理的通知	国科金发财〔2019〕31 号
4	国家自然科学基金委员会关于开展提高间接费用比例试点工作的通知	国科金发财〔2019〕65 号
5	国家自然科学基金委员会　科学技术部　财政部关于在国家杰出青年科学基金中试点项目经费使用“包干制”的通知	国科金发计〔2019〕71 号
6	国家自然科学基金《项目指南预算编报要求(2021 年)》	
7	关于印发《国家自然科学基金项目科研不端行为调查处理办法》的通知	国科金发诚〔2020〕96 号
8	国家自然科学基金委员会关于结题项目结余资金的通知	国科金财函〔2021〕20 号
三、国家社会科学基金		
1	国家社会科学基金管理办法(2013 年 5 月修订)	
2	全国哲学社会科学工作领导小组　财政部《关于进一步完善国家社会科学基金项目管理的有关规定》	2019 年 4 月 28 日
四、科技部		
1	科技部　财政部关于印发《中央财政科技计划(专项、基金等)监督工作暂行规定》的通知	国科发政〔2015〕471 号
2	关于印发《国家科技计划(专项、基金等)严重失信行为记录暂行规定》的通知	国科发政〔2016〕97 号
3	科技部　财政部　发展改革委关于印发《科技评估工作规定(试行)》的通知	国科发政〔2016〕382 号
4	科技部　发展改革委　财政部《国家科技重大专项(民口)管理规定》	国科发专〔2017〕145 号
5	科技部　财政部关于印发《国家重点研发计划管理暂行办法》的通知	国科发资〔2017〕152 号
6	科技部关于印发《国家重点研发计划资金管理办法》配套实施细则的通知	国科发资〔2017〕261 号

续表

序号	文件名	文号
7	科技部办公厅关于印发《国家重点研发计划项目综合绩效评价工作规范（试行）》	国科办资〔2018〕107 号
8	科技部　发展改革委　财政部关于印发《国家科技重大专项（民口）验收管理办法》的通知	国科发专〔2018〕37 号
9	科技部　发展改革委　财政部关于印发《进一步深化管理改革　激发创新活力确保完成国家科技重大专项既定目标的十项措施》的通知	国科发重〔2018〕315 号
10	科技部等 6 部门印发《关于扩大高校和科研院所科研相关自主权的若干意见》的通知	国科发政〔2019〕260 号
11	科技部　财政部关于进一步优化国家重点研发计划项目和资金管理的通知	国科发资〔2019〕45 号
12	关于印发《科研诚信案件调查处理规则（试行）》的通知	国科发监〔2019〕323 号
13	科学技术活动违规行为处理暂行规定（2020 年 7 月 17 日）	科学技术部令第 19 号
14	科技部印发《关于破除科技评价中“唯论文”不良导向的若干措施（试行）》的通知	国科发监〔2020〕37 号
15	科技部　财政部　发展改革委关于印发《中央财政科技计划（专项、基金等）绩效评估规范（试行）》的通知	国科发监〔2020〕165 号
16	科技部关于印发《科学技术活动评审工作中请托行为处理规定（试行）》的通知	国科发监〔2020〕360 号
17	科技部　财政部　教育部　中科院关于持续开展减轻科研人员负担　激发创新活力专项行动的通知	国科发政〔2020〕280 号
18	科技部　自然科学基金委关于进一步压实国家科技计划（专项、基金等）任务承担单位科研作风学风和科研诚信主体责任的通知	国科发监〔2020〕203 号
19	科技部等 9 部门印发《赋予科研人员职务科技成果所有权或长期使用权试点实施方案》的通知	国科发区〔2020〕128 号
20	科技部关于印发《赋予科研人员职务科技成果所有权或长期使用权试点单位名单》的通知	国科发区〔2020〕273 号

续表

序号	文件名	文号
21	科技部　教育部　人力资源社会保障部　财政部　中科院　自然科学基金委关于鼓励科研项目开发科研助理岗位吸纳高校毕业生就业的通知	国科发资〔2020〕132号
22	科技部办公厅　财政部办公厅　教育部办公厅　中科院办公厅　工程院办公厅　自然科学基金委办公室关于印发《新形势下加强基础研究若干重点举措》的通知	国科办基〔2020〕38号
23	科技部　发展改革委　教育部　中科院　自然科学基金委关于印发《加强"从0到1"基础研究工作方案》的通知	国科发基〔2020〕46号
24	科学技术研究档案管理规定(2020年9月11日)	国家档案局 科技部令第15号
25	关于加强和改进国家重点研发计划项目(课题)结题审计相关工作的通知	国科资函〔2021〕13号
26	科学技术部科技经费监管服务中心《关于更新承接国家重点研发计划结题审计服务会计师事务所备案名单的通知》	2021年8月20日
五、财政部		
1	财政部　科技部关于印发《国家重点实验室专项经费管理办法》的通知	财教〔2008〕531号
2	财政部　教育部《关于改革完善中央高校预算拨款制度的通知》	财教〔2015〕467号
3	关于印发《中央级公益性科研院所基本科研业务费专项资金管理办法》的通知	财教〔2016〕268号
4	财政部　教育部关于印发《中央高校基本科研业务费管理办法》的通知	财教〔2016〕277号
5	财政部　教育部关于印发《高等学校哲学社会科学繁荣计划专项资金管理办法》的通知	财教〔2016〕317号
6	财政部　教育部关于印发《中央高校改善基本办学条件专项资金管理办法》的通知	财科教〔2017〕3号
7	财政部　科技部　教育部　发展改革委关于进一步做好中央财政科研项目资金管理等政策贯彻落实工作的通知	财科教〔2017〕6号

续表

序号	文件名	文号
8	财政部　科技部　发展改革委关于印发《国家科技重大专项(民口)资金管理办法》的通知	财科教〔2017〕74 号
9	财政部关于印发《国家科技重大专项(民口)项目(课题)财务验收办法》的通知	财科教〔2017〕75 号
10	财政部　教育部关于印发《中央高校建设世界一流大学(学科)和特色发展引导专项资金管理办法》的通知	财科教〔2017〕126 号
11	财政部关于印发《中央财政科研项目专家咨询费管理办法》的通知	财科教〔2017〕128 号
12	财政部　税务总局　科技部关于科技人员取得职务科技成果转化现金奖励有关个人所得税政策的通知	财税〔2018〕58 号
13	财政部关于进一步完善中央财政科技和教育资金预算执行管理有关事宜的通知	财库〔2018〕96 号
14	财政部　科技部关于印发《中央级新购大型科研仪器设备查重评议管理办法》的通知	财科教〔2019〕1 号
15	财政部办公厅关于抓好赋予科研机构和人员更大自主权有关文件贯彻落实的通知	财办发〔2019〕7 号
16	关于进一步加大授权力度　促进科技成果转化的通知	财资〔2019〕57 号
17	财政部　科技部关于印发《中央引导地方科技发展资金管理办法》的通知	财教〔2019〕129 号
18	财政部　科技部关于印发《中央财政科技计划(专项、基金等)后补助管理办法》的通知	财教〔2019〕226 号
19	财政部　科技部关于印发《国家科学技术奖励绩效评价暂行办法》的通知	财教〔2019〕228 号
20	财政部关于印发《项目支出绩效评价管理办法》的通知	财预〔2020〕10 号
21	关于印发《中央级科学事业单位改善科研条件专项资金管理办法》的通知	财教〔2021〕100 号
22	财政部　科技部关于印发《国家重点研发计划资金管理办法》的通知	财教〔2021〕178 号
23	财政部　税务总局关于进一步完善研发费用税前加计扣除政策的公告	财政部国税总局公告 2021 年第 13 号

续表

序号	文件名	文号
24	财政部关于委托第三方机构参与预算绩效管理的指导意见	财预〔2021〕6号
25	财政部关于印发《第三方机构预算绩效评价业务监督管理暂行办法》的通知	财监〔2021〕4号
26	财政部　海关总署　税务总局关于“十四五”期间支持科技创新进口税收政策的通知	财关税〔2021〕23号
27	财政部等部门关于“十四五”期间支持科技创新进口税收政策管理办法的通知	财关税〔2021〕24号
28	财政部　科技部关于中央财政科技计划（专项、基金等）经费管理新旧政策衔接有关事项的通知	财教〔2021〕173号
29	财政部　国家自然科学基金委员会关于印发《国家自然科学基金资助项目资金管理办法》的通知	财教〔2021〕177号
30	财政部　科技部关于印发《国家重点研发计划资金管理办法》的通知	财教〔2021〕178号
31	关于《中央级公益性科研院所基本科研业务费专项资金管理办法》有关问题的补充通知	财教〔2021〕203号
32	关于印发《国家社会科学基金项目资金管理办法》的通知	财教〔2021〕237号
六、教育部		
1	中共教育部党组关于抓好赋予科研管理更大自主权有关文件贯彻落实工作的通知	教党函〔2019〕37号
2	教育部　国家知识产权局　科技部关于提升高等学校专利质量促进转化运用的若干意见	教科技〔2020〕1号
3	教育部　科技部印发《关于规范高等学校SCI论文相关指标使用　树立正确评价导向的若干意见》的通知	教科技〔2020〕2号
4	教育部印发《关于破除高校哲学社会科学研究评价中“唯论文”不良导向的若干意见》的通知	教社科〔2020〕3号
5	教育部印发《关于正确认识和规范使用高校人才称号的若干意见》的通知	教人〔2020〕15号
七、发展改革委		
1	多部门印发《关于对科研领域相关失信责任主体实施联合惩戒的合作备忘录》的通知	发改财金〔2018〕1600号

续表

序号	文件名	文号
八、国家知识产权局		
1	国家知识产权局发布《关于进一步严格规范专利申请行为的通知》	国知发保字〔2021〕1号
2	国家知识产权局发布《关于规范申请专利行为的办法》的公告(2021年3月11日)	国知发第411号
3	国家知识产权局　中国科学院　中国工程院　中国科学技术协会关于推动科研组织知识产权高质量发展的指导意见	国知发运字〔2021〕7号
九、人力资源和社会保障部		
1	人力资源和社会保障部　财政部　科技部关于事业单位科研人员职务科技成果转化现金奖励纳入绩效工资管理有关问题的通知	人社部发〔2021〕14号
十、其他		
1	中国注册会计师协会关于印发《中央财政科技计划项目(课题)结题审计指引》的通知	会协〔2018〕57号
2	博士后基金会关于印发《中国博士后科学基金资助规定》的通知	中博基字〔2020〕7号

二、科研事业单位内部控制建设的意义

随着科技体制改革的不断深化，科研事业单位的功能定位和业务内容较以前更为明确和集中，主要以开展基础研究、前沿技术研究和社会公益研究以及科学普及等公益性活动为主。内部控制是科研事业单位内部管理的重要组成部分，是科研事业单位为实现其公益性目标而制定并实施的一系列制度和流程，一个有效的内部控制体系对科研事业单位持续稳定发展、对科研事业单位实现其公益属性和社会功能定位有着重要意义。

（一）实施内部控制是贯彻落实党中央依法治国的重要举措

2014年10月，中国共产党第十八届中央委员会第四次全体会议审议通过《中共中央关于全面推进依法治国若干重大问题的决定》，对内部控制

提出了明确要求“对财政资金分配使用、国有资产监管、政府投资、政府采购、公共资源转让、公共工程建设等权力集中的部门和岗位实行分事行权、分岗设权、分级授权，定期轮岗，强化内部流程控制，防止权力滥用”。

2015 年 1 月，中共十八届中央纪委五次全会上明确提出，“对审批权力集中的部门和岗位要分解权力、定期轮岗，强化内部流程控制，防止权力滥用。一些带有社会管理职能的企事业单位也要这样做”。

2019 年 10 月，中国共产党第十九届中央委员会第四次全体会议审议通过《中共中央关于坚持和完善中国特色社会主义制度推进国家治理体系和治理能力现代化若干重大问题的决定》，提出“坚持权责法定，健全分事行权、分岗设权、分级授权、定期轮岗制度，明晰权力边界，规范工作流程，强化权力制约”。

行政事业单位、科研事业单位开展内部控制建设，对涉及资金分配、资产管理使用、政府采购和工程项目管理等关键领域，建立相互牵制、相互制约的内部控制机制，是贯彻落实党中央依法治国的重要举措。

（二）实施内部控制是预防腐败的有力手段

2017 年 10 月，习近平总书记在中国共产党第十九次全国代表大会上的报告中总结全面从严治党成效卓著时，提到“不敢腐的目标初步实现，不能腐的笼子越扎越牢，不想腐的堤坝正在构筑，反腐败斗争压倒性态势已经形成并巩固发展”，在新时代中国共产党的历史使命中提出“坚定不移全面从严治党，不断提高党的执政能力和领导水平”，要“夺取反腐败斗争压倒性胜利。强化不敢腐的震慑，扎牢不能腐的笼子，增强不想腐的自觉，通过不懈努力换来海晏河清、朗朗乾坤”。

2020 年 1 月，中共十九届中央纪委四次全会进一步提出，“要加强对各级‘一把手’的监督检查，完善任职回避、定期轮岗、离任审计等制度”。

制度的笼子扎得更紧更牢，内部控制将制衡机制等控制措施有效嵌入单位日常管理活动之中，发挥了“关口前移”的作用，能够有效预防腐败，是从单位内部经济活动风险管控这一角度出发落实廉政风险防控的要求。

（三）实施内部控制是“放、管、服”改革的需要

党的十八大以来，党中央、国务院出台了《关于进一步完善中央财政科研项目资金管理等政策的若干意见》（中办发〔2016〕50号）、《关于优化科研管理提升科研绩效若干措施的通知》（国发〔2018〕25号）、《国务院办公厅关于改革完善中央财政科研经费管理的若干意见》（国办发〔2021〕32号）等一系列优化科研经费管理的政策文件和改革措施，有力地激发了科研人员的创造性和创新活力，促进了科技事业发展。科技领域的“放、管、服”改革不断深入，改革指导意见越来越具体，例如：进一步精简合并预算编制科目，按设备费、业务费、劳务费三大类编制直接费用预算，不得将预算编制细致程度作为评审预算的因素；在人才类和基础研究类科研项目中推行经费包干制，不再编制项目预算；允许项目承担单位对国内差旅费中的伙食补助费、市内交通费和难以取得发票的住宿费实行包干制；推进科研经费无纸化报销试点；等等。

（四）实施内部控制是行政事业单位加强治理的需要

实施内部控制是建立健全法人治理结构，强化民主决策机制的有效手段。有利于落实法人责任，保证科研经济活动的真实性、合法性和有效性，对惩治和预防腐败，推进作风建设，营造科研人员潜心研究的良好环境氛围，发挥积极的促进作用。内部控制是保障单位机构权力规范有序、科学高效运行的有效措施，是贯彻落实党的十八届四中全会精神，加强财政资金的分配使用、国有资产的监管，进一步提高单位管理水平，以满足廉政风险防控机制建设的需要。

（五）实施内部控制是科研事业单位科研创新的需要

内部控制是科研创新的有力支撑保障。通过强化法人责任，完善科研项目管理，合法合规使用课题经费，为科研人员保驾护航，让科研人员全

身心投入科学研究工作中。内部控制体系的建立对全面提升研究所科研管理水平，形成遵循科研活动规律的管理体系，营造风清气正的科研环境起到积极的促进作用。

科研经费的使用一直是党中央、国务院及社会各界关注的焦点问题，规范高效用好科研经费，成为科研单位义不容辞的使命和责任。因此，加强内部控制建设，注重风险管理，建立廉洁自律的免疫系统已成为科研单位迫切的管理需求。

三、科研事业单位内部控制定义

2001 年财政部制定的《内部会计控制规范——基本规范（试行）》（财会〔2001〕41 号），将内部会计控制定义为，单位为了提高会计信息质量，保护资产的安全、完整，确保有关法律法规和规章制度的贯彻执行等而制定和实施的一系列控制方法、措施和程序。这是我国第一个得到广泛认可的内部控制规范，但其仅局限在内部会计控制（已于 2016 年 8 月 18 日公布失效）。

2008 年财政部、证监会、审计署、银监会①、保监会②联合发布了《企业内部控制基本规范》（财会〔2008〕7 号），对企业内部控制定义为：由企业董事会、监事会、经理层和全体员工实施的、旨在实现控制目标的过程。企业内部控制的目标是：合理保证企业经营管理合法合规、资产安全、财务报告及相关信息真实完整，提高经营效率和效果，促进企业实现发展战略。

2012 年 11 月财政部印发的《行政事业单位内部控制规范（试行）》（财

① 2018 年 3 月，第十三届全国人民代表大会第一次会议批准了《国务院机构改革方案》，组建中国银行保险监督管理委员会，不再保留中国银行业监督管理委员会。

② 2018 年 3 月，第十三届全国人民代表大会第一次会议批准了《国务院机构改革方案》，组建中国银行保险监督管理委员会，不再保留中国保险监督管理委员会。

会〔2012〕21 号），对行政事业单位内部控制定义为：单位为实现控制目标，通过制定制度、实施措施和执行程序，对经济活动的风险进行防范和管控。内部控制的目标主要包括：合理保证单位经济活动合法合规、资产安全和使用有效、财务信息真实完整，有效防范舞弊和预防腐败，提高公共服务的效率和效果。

科研事业单位内部控制仍限定在经济活动上，内部控制范围在行政事业单位内部控制预算管理等六项内容基础上进行扩展，具体包括预算管理、收支管理、政府采购管理、资产管理、建设项目管理、合同管理和科研项目管理 7 项内容。本书提出，科研事业单位内部控制是指科研事业单位在坚持公益性原则的基础上，为实现控制目标，通过制定制度、实施措施和执行程序，对科研经济业务活动的风险进行防范和管控。

科研事业单位内部控制要素划分，采用《行政事业单位内部控制规范（试行）》（财会〔2012〕21 号）中的两要素划分法，将行政事业单位内部控制建设分为单位层面和业务层面。单位层面内部控制包括：组织机构、工作机制、管理制度、关键岗位、财务信息、信息技术 6 个方面。业务层面内部控制包括：预算管理、收支管理、政府采购管理、资产管理、建设项目管理、合同管理、科研项目管理 7 个方面，如图 1-1 所示。

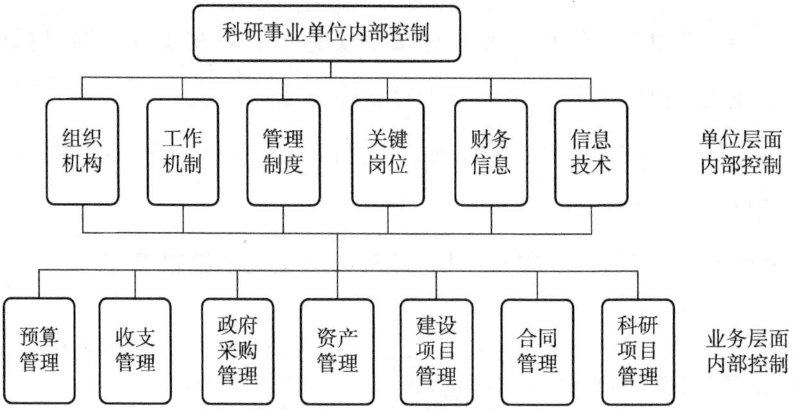

图 1-1　科研事业单位内部控制框架

四、科研事业单位内部控制建设原则

科研经费事业单位建立与实施内部控制，应当遵循下列原则(见图 1-2)：

（一）全面性原则

内部控制应当贯穿单位经济业务活动的决策、执行和监督全过程，覆盖单位全部业务事项，覆盖单位所有的部门、岗位和人员，实现对单位经济业务活动的全面控制。

（二）重要性原则

在全面控制的基础上，内部控制应当关注单位重要经济业务活动和经济业务活动的重大风险，并有针对性地采取更为严格的控制措施，确保不存在重大缺陷，使风险降低到单位可以控制的水平。

（三）制衡性原则

内部控制应当在单位内部的治理结构、部门设置及管理、职责分工、业务流程等方面形成相互制约和相互监督的管理机制。

（四）适应性原则

内部控制应当符合国家有关规定和单位的实际情况，应当与单位的管理风格、科研业务特点、经济业务活动的风险程度等相适应，并随着外部环境的变化，单位经济业务活动的调整和管理要求的提高，不断修订和完善。

（五）成本效益原则

内部控制应当权衡实施成本与实施控制预期取得效益，以适当的成本实现有效的控制效益。因此，单位在实施内部控制时，要考虑经济业务活动的重要性和风险程度，结合单位实际情况，仔细分析管控流程，合理地设置风险控制点，科学制定管理制度，避免烦琐、低效率的业务流程。

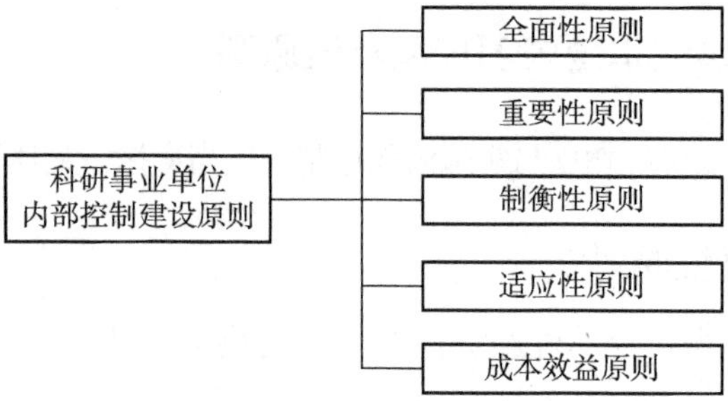

图 1-2　科研事业单位内部控制建设原则

五、科研事业单位内部控制建设目标

内部控制的目标是指单位建设和实施内部控制所要达到的效果和目的。总体上讲，内部控制目标和单位总体目标是一致的，内部控制为单位总体目标的实现提供合理保证。科研事业单位内部控制的实施旨在规范单位科研工作管理，提升单位服务与管理水平。单位内部控制的建立，有助于防范风险，促进廉政建设，推动单位科研活动规范有序、健康持续发展。内部控制建设目标分为基本目标和具体目标。

（一）基本目标

科研事业单位内部控制建设目标应当遵循行政事业单位内部控制目标，由最低层次的合法合规要求到最高层次的实现单位战略目标，包括以下 5 个层次：

1. 保证单位经济活动合法合规

内部控制要求单位的科研管理和服务活动，必须置于国家法律法规允许的基本框架之下，在合法守法的基础上开展，严禁违法违规行为。这是单位建立内部控制所要达到的最基本的目标，是其他 4 个目标存在的前提和基础。单位一旦违反法律法规，轻则遭警告罚款，重则被撤销解散，丧失存续基础，因此，建立内部控制底线的要求是能够合理保证单位不违法、违规，否则也就没有必要建立内部控制。

2. 保证单位资产安全和使用有效

通过建立内部控制体系确保单位资产安全、完整和有效使用，防止国有资产流失和损害，是内部控制第二层次的目标，也是内部控制比较突出的作用，一直以来内部控制主要被用来防止资金、资产遭受盗窃、挪用、滥用等，实践证明这也是行之有效的方法。

科研事业单位使用着大量的科研仪器设备、科研材料等，管理着各类科研资金。一方面，这些资产存在被挪用、贪污、盗窃、违规使用等风险，单位必须采取物理的、逻辑的方法加以保护；另一方面，也存在着资产配置不合理、资产损失浪费、使用效率不高等问题，单位需将资产管理与预算管理、采购管理等相结合，优化资源配置，充分发挥资产效能，确保资产得到有效使用。

3. 合理保证财务信息真实完整

通过内部控制体系建立防范虚假的财务信息，保证财务信息的真实可靠，提高财务信息的质量，为管理者提供有效的财务信息，为单位管理提供可靠的决策信息。

科研事业单位不仅要保证单位资产安全和使用有效，还要客观真实地报告相应的信息，保证财务信息客观反映单位经济活动。《会计法》第二十一条第二款规定“单位负责人应当保证财务会计报告真实、完整”，如果单位违反法规在先，为了掩盖问题，管理者可能会授意会计人员编造虚假财务信息。反过来，单位为了提供真实可靠的财务信息，会自觉地遵守财经法规，正确履行职责，无形中就形成了一种约束机制。因此，“合理保证财务信息真实完整”是内部控制一个重要的目标。

4. 有效防范舞弊和预防腐败

这是一个有别于企业的内部控制目标，这一目标的设定对于科研事业单位具有很强的现实针对性，能促进廉政建设，预防腐败行为。科研事业单位拥有大量国家公共资源，在资源分配过程中，如果由于管理者的道德缺失，不能本着公正之心、廉洁奉公，就很容易造成贪污腐败。因此在科研事业单位实施内部控制，筑牢单位廉政建设的“防火墙”，使科研活动与管理行为有章可循，发挥制度控制的作用，可以大大减少人为因素的干扰，让权力在阳光下行使，从源头上预防腐败行为发生。

5. 提高单位管理效率和水平

科研事业单位是不以营利为目的、进行科学研究的公益性组织，科研事业单位应结合自身科研活动和管理特点，通过健全有效的内部控制体系，明确职责分工，杜绝推诿扯皮，不断提高科研管理和服务水平，提高管理效率。

（二）具体目标

科研事业单位内部控制还应在上述基本目标基础上，结合单位特点，在下列各方面设立具体目标：单位层面的组织机构、工作机制、管理制度、关键岗位、财务信息、信息技术；业务层面的预算管理、收支管理、政府采购管理、资产管理、建设项目管理、合同管理、科研项目管理。内部控制目标应经过层层分解落实到单位各个部门、各项业务活动、各个业务环节。

六、科研事业单位内部控制建设过程

科研事业单位内部控制建设是一项系统工程，建设流程包括计划筹备、风险评估、内部控制体系建设、内部控制体系实施、内部控制体系优化 5 个步骤。

准备—评估—设计手册—运行—优化、修订—运行

计划—风险评估—设计—实施—测试验收

（一）计划筹备

1. 宣传培训

科研事业单位内部控制建设涉及行政管理、科研业务的每个部门，涉及行政管理、科研业务的每位工作人员，因此启动内部控制建设必须做好单位内部的宣传和项目组人员的培训，明确“为什么做”“做什么”和“怎么做”。

宣传做到“全覆盖”“无盲区”，可通过召开启动大会、板报、知识竞赛、讲座、网络媒体等多种方式开展，宣传项目实施背景、意义、主要工作阶段、牵头部门、各部门职责等，增强各级人员对内部控制建设的认同感，获得单位领导和工作人员的理解和支持。

培训要有针对性，对单位层面人员的培训，侧重于让大家了解国家全面推行内部控制建设的必要性和紧迫性，掌握内部控制基本理念，尤其是让单位领导明白在内部控制建设和实施中自身承担的责任，从思想上重视内部控制建设。对业务层面人员的培训，侧重于技术，重点在内部控制知识、内部控制能力的培训上。

2. 成立内部控制项目小组

《行政事业单位内部控制规范（试行）》（财会〔2012〕21 号）第六条规定“单位负责人对本单位内部控制的建立健全和有效实施负责”，由此可见，内部控制建设是“一把手”工程，为使内部控制建立健全和有效实施，单位内部应成立内部控制领导小组、内部控制工作小组，明确领导小组负责人、工作小组负责人，明确内部控制牵头部门、配合部门、评价与监督部门和各部门职责。

领导小组负责人应由单位负责人担任，工作小组负责人应由单位分管领导担任。内部控制牵头部门一般为财务部门或综合部门、办公室，配合部门应包括单位所有部门，评价与监督部门应为单位内部审计部门，内部控制项目工作组织、负责人、成员、职责等，如表 1-3 所示。

表 1-3 内部控制项目工作组织

组别	负责人	成员	职责
领导小组	单位负责人	单位负责人、分管领导、各部门负责人	1. 负责内部控制建设总体工作； 2. 审定内部控制建设方案； 3. 组织、指导、监督、检查内部控制建设工作； 4. 开展单位风险评估工作； 5. 协调各部门、保证项目顺利实施； 6. 任命工作小组负责人及成员； 7. 审定内部控制建设成果； 8. 其他全局性、方向性工作。
工作小组	单位分管领导	各部门负责人、内部控制岗位人员、牵头部门人员、外部专家、中介机构人员等	1. 负责内部控制建设具体工作； 2. 制定内部控制工作规范，向领导小组汇报； 3. 协调解决内部控制建设中的问题，向领导小组汇报； 4. 组织单位风险评估； 5. 组织编制单位内部控制手册； 6. 组织内部控制实施等
牵头部门	财务部门(或综合部门、办公室)负责人	牵头部门工作人员、外部专家、中介机构工作人员等	1. 落实领导小组和工作小组的各项决议； 2. 完成内部控制建设各项具体工作； 3. 起草内部控制建设方案； 4. 负责组织协调内部控制建设与实施工作； 5. 组织内部控制流程梳理和风险评估； 6. 编制单位内部控制手册； 7. 编制、报送内部控制各类报表； 8. 组织内部控制体系整改完善等。
归口管理部门	采购部门、资产部门、基建部门等各业务归口部门负责人	采购部门、资产部门、基建部门等各业务归口部门负责人、相关岗位工作人员	1. 落实领导小组和工作小组的各项决议； 2. 完成归口业务内部控制建设具体工作； 3. 组织协调归口管理业务内部控制建设与实施； 5. 组织归口管理业务内部控制流程梳理和风险评估； 6. 组织归口管理业务内部控制体系整改完善等。

续表

组别	负责人	成员	职责
配合部门	各部门负责人	各部门负责人、内部控制岗位人员	1. 支持、配合内部控制建设工作； 2. 梳理本部门业务流程； 3. 整理本部门经济活动业务制度、流程文件并进行风险评估； 4. 根据工作小组基础性评估意见进行流程、制度和控制文档修改完善； 5. 落实内部控制体系具体实施。
评价与监督部门	内部部门负责人	部门负责人、内部控制岗位人员	1. 对内部控制建立与实施情况进行监督检查和自我评价； 2. 定期或不定期检查单位内部管理制度和机制的建立与执行情况，以及内部控制关键岗位及人员设置情况，及时发现问题并提出改进建议。

（二）内部控制基础性评价

内部控制基础性评价，是指单位在开展内部控制建设之前，或在内部控制建设的初期阶段，对单位内部控制基础情况进行的“摸底”评价。通过开展内部控制基础性评价，一方面，明确单位内部控制的基本要求和重点内容，使各单位在内部控制建设过程中能够做到有的放矢、心中有数，围绕重点工作开展内部控制体系建设；另一方面，旨在发现单位现有内部控制基础的不足之处和薄弱环节，有针对性地建立健全内部控制体系，通过“以评促建”的方式，有重点、有针对性地开展内部控制建立与实施工作。

1. 评价内部控制现状

《关于开展行政事业单位内部控制基础性评价工作的通知》（财会［2016］11 号）文件要求，各单位应当在主要负责人的直接领导下，按照《行政事业单位内部控制基础性评价指标评分表》及其填表说明，组织开展内部控制基础性评价工作。本书根据通知要求，结合科研事业单位实际情况，在《行政事业单位内部控制基础性评价指标评分表》基础上增加了与科研事业单位相关的评价指标，补充指标的所属类别、名称、评价要点及评价结果等内容，形成《科研事业单位内部控制基础性评价指标评分表》，如表 1-4 所示。除表中列示的内部控制基础性评价指标外，各科研事业单位可根据自身业务特点，在评价过程中增加其他与本单位内部控制相关的评价指标，作为补充评价指标纳入评价范围。

表 1-4　科研事业单位内部控制基础性评价指标评分表

类别	一级指标	二级指标	三级指标	评价得分	佐证材料
单位层面（55 分）	1. 内部控制建设启动情况（本指标 10 分）	1.1 成立内部控制领导小组，制定、启动相关的工作机制（3 分）	1.1.1 启动内部控制建设，成立内部控制领导小组（1 分）		通过查看会议纪要或部署文件确认
			1.1.2 由单位主要负责人担任组长（1 分）		
			1.1.3 建立内部控制联席工作机制并开展工作（0.5 分）		
			1.1.4 明确内部控制牵头部门（或岗位）（0.5 分）		
		1.2 开展内部控制专题培训（2 分）	1.2.1 针对国家政策进行专题培训（0.5 分）		通过查看培训通知、培训材料等确认
			1.2.2 针对单位内部控制制度进行专题培训（0.5 分）		
			1.2.3 针对单位内部控制拟实现的目标和采取的措施、各部门及其人员在内部控制实施过程中的责任等内容进行专题培训（1 分）		
		1.3 开展内部控制风险评估（2 分）	1.3.1 基于本单位的内部控制目标并结合本单位的业务特点开展内部控制风险评估（1 分）		通过查看风险评估报告确认
			1.3.2 建立定期进行风险评估机制（1 分）		
		1.4 开展组织及业务流程再造（3 分）	1.4.1 根据本单位“三定”方案，进行组织及业务流程梳理、再造，编制流程图（3 分）		通过对职能部门或岗位的增减或调整、相关制度修订的前后比较确认

续表

<table>
<tr><th>类别</th><th>一级指标</th><th>二级指标</th><th>三级指标</th><th>评价得分</th><th>佐证材料</th></tr>
<tr><td rowspan="6">单位层面（55分）</td><td rowspan="6">2. 单位主要负责人承担内部控制建立与实施责任情况（本指标6分）</td><td rowspan="2">2.1 单位主要负责人主持召开会议讨论内部控制建立与实施相关的议题（2分）</td><td>2.1.1 单位主要负责人主持会议，将内部控制列入会议议题之一进行讨论（1分）</td><td></td><td rowspan="2">通过查看会议纪要或部署文件确认</td></tr>
<tr><td>2.1.2 上述会议为内部控制工作专题会议，由单位主要负责人主持召开，将内部控制建立与实施进行讨论（再加1分）。</td><td></td></tr>
<tr><td rowspan="2">2.2 单位主要负责人主持制定内部控制工作方案，健全工作机制（2分）</td><td>2.2.1 单位主要负责人持本单位内部控制工作方案的制定、修改、审批工作（1分）</td><td></td><td rowspan="2">通过查看会议纪要或内部控制工作方案的相关文件确认</td></tr>
<tr><td>2.2.2 负责建立健全内部控制工作机制（1分）</td><td></td></tr>
<tr><td rowspan="2">2.3 单位主要负责人主持开展内部控制工作分工及人员配备等工作（2分）</td><td>2.3.1 单位主要负责人对内部控制建立与实施过程中涉及到的相关部门和人员进行统一领导和统一协调（1分）</td><td></td><td rowspan="2">通过查看会议纪要或内部控制工作方案的相关文件确认</td></tr>
<tr><td>2.3.2 单位主要负责人主持开展工作分工及人员配备工作，发挥领导作用、承担领导责任（1分）</td><td></td></tr>
<tr><td rowspan="4">单位层面（55分）</td><td rowspan="4">3. 对权力运行的制约情况（本指标7分）</td><td rowspan="2">3.1 权力运行机制的构建（4分）</td><td>3.1.1 完成对本单位权力结构的梳理（2分）</td><td></td><td rowspan="2">通过查看会议纪要或相关文件确认</td></tr>
<tr><td>3.1.2 构建决策科学、执行坚决、监督有力的权力运行机制，确保决策权、执行权、监督权既相互制约又相互协调（2分）</td><td></td></tr>
<tr><td rowspan="2">3.2 对权力运行的监督（3分）</td><td>3.2.1 建立与审计、纪检监察等职能部门或岗位联动的权力运行监督机制（1.5分）</td><td></td><td rowspan="2">通过查看会议纪要、权力清单及相关制度确认</td></tr>
<tr><td>3.2.2 建立与审计、纪检监察等职能部门或岗位联动的权力运行考评机制，以定期督查决策权、执行权等权力行使的情况，及时发现权力运行过程中的问题，予以校正和改进（1.5分）</td><td></td></tr>
</table>

续表

类别	一级指标	二级指标	三级指标	评价得分	佐证材料
单位层面(55分)	4. 内部控制制度完备情况(本指标18分)	4.1 建立预算管理制度(2分)	4.1.1 本单位预算管理制度涵盖预算编制与内部审批方面内容(两点均涵盖的,得0.5分;如只涵盖其中一点,不得分)		通过查看本单位已印发并执行的预算管理制度、有关报告及财政部门批复文件确认
			4.1.2 本单位预算管理制度涵盖分解下达方面内容(0.5分)		
			4.1.3 本单位预算管理制度涵盖预算执行方面内容(0.5分)		
			4.1.4 本单位预算管理制度涵盖年度决算与绩效评价方面内容(两点均涵盖的,得0.5分;如只涵盖其中一点,不得分)		
		4.2 建立收入管理制度(2分)	4.2.1 本单位收入(包括非税收入)管理制度涵盖价格确定方面内容(0.5分)		通过查看本单位已印发并执行的收入管理制度确认
			4.2.2 本单位收入(包括非税收入)管理制度涵盖票据管理方面内容(0.5分)		
			4.2.3 本单位收入(包括非税收入)管理制度涵盖收入收缴方面内容(0.5分)		
			4.2.4 本单位收入(包括非税收入)管理制度涵盖收入核算方面内容(0.5分)		
		4.3 建立支出管理制度(2分)	4.3.1 本单位支出管理制度涵盖预算与计划方面内容(两点均涵盖的,得0.5分;如只涵盖其中一点,不得分)		通过查看本单位已印发并执行的支出管理制度确认
			4.3.2 本单位支出管理制度涵盖支出范围与标准确定方面内容(两点均涵盖的,得0.5分;如只涵盖其中一点,不得分)		
			4.3.3 本单位支出管理制度涵盖审批权限与审批流程方面内容(两点均涵盖的,得0.5分;如只涵盖其中一点,不得分)		

类别	一级指标	二级指标	三级指标	评价得分	佐证材料
单位层面（55分）	4. 内部控制制度完备情况（本指标18分）	4.3建立支出管理制度（2分）	4.3.4本单位支出管理制度涵盖支出核算方面内容（0.5分）		
		4.4建立政府采购管理制度（2分）	4.4.1本单位政府采购管理制度涵盖预算与计划方面内容（两点均涵盖的，得0.5分；如只涵盖其中一点，不得分）		通过查看本单位已印发并执行的支出管理制度确认
			4.4.2本单位政府采购管理制度涵盖需求申请与审批方面内容（两点均涵盖的，得0.5分；如只涵盖其中一点，不得分）		
			4.4.3本单位政府采购管理制度涵盖过程管理方面内容（0.5分）		
			4.4.4本单位政府采购管理制度涵盖验收入库方面内容（0.5分）		
		4.5建立资产管理制度（2分）	4.5.1本单位资产管理制度涵盖资产购置方面内容（0.5分）		通过查看本单位已印发并执行的政府采购管理制度确认
			4.5.2本单位资产管理制度涵盖资产保管方面内容（0.5分）		
			4.5.3本单位资产管理制度应涵盖资产使用方面内容（0.5分）		
			4.5.4本单位资产管理制度涵盖资产核算与处置方面内容（两点均涵盖的，得0.5分；如只涵盖其中一点，不得分）		
		4.6建立科研管理制度（2分）	4.6.1本单位科研管理制度涵盖科研项目预算管理方面内容（0.5分）		
			4.6.2本单位科研管理制度涵盖结题验收、结余资金管理方面内容（0.5分）		
			4.6.3本单位科研管理制度涵盖成果转移转化方面内容（0.5分）		
			4.6.4本单位科研管理制度涵盖成果转移转化收入分配约束机制方面内容（0.5分）		

续表

类别	一级指标	二级指标	三级指标	评价得分	佐证材料
单位层面（55分）	4. 内部控制制度完备情况（本指标18分）	4.7建立建设项目管理制度（2分，每有1个方面未涵盖扣0.5分，直至扣完）	4.7.1本单位建设项目管理制度应涵盖项目立项与审核方面内容（未涵盖的，扣0.5分）		通过查看本单位已印发并执行的建设项目管理制度确认
			4.7.2本单位建设项目管理制度应涵盖概算预算方面内容（未涵盖的，扣0.5分）		
			4.7.3本单位建设项目管理制度应涵盖招标投标方面内容（未涵盖的，扣0.5分）		
			4.7.4本单位建设项目管理制度应涵盖工程变更方面内容（未涵盖的，扣0.5分）		
			4.7.5本单位建设项目管理制度应涵盖资金控制方面内容（未涵盖的，扣0.5分）		
			4.7.6本单位建设项目管理制度应涵盖验收与决算方面内容（未涵盖的，扣0.5分）		
		4.8建立合同管理制度（2分）	4.8.1本单位合同管理制度涵盖合同订立方面内容（0.5分）		通过查看本单位已印发并执行的合同管理制度确认
			4.8.2本单位合同管理制度涵盖合同履行方面内容（0.5分）		
			4.8.3本单位合同管理制度涵盖合同归档方面内容（0.5分）		
			4.8.4本单位合同管理制度涵盖合同纠纷方面内容（0.5分）		
		4.9建立决策机制制度（2分）	4.9.1本单位决策机制制度涵盖“三重一大”集体决策方面内容（1分）		通过查看本单位已印发并执行的决策机制制度确认
			4.9.2本单位决策机制制度涵盖分级授权方面内容（1分）		

续表

类别	一级指标	二级指标	三级指标	评价得分	佐证材料
单位层面（55分）	5. 不相容岗位与职责分离控制情况（本指标6分）	5.1 对不相容岗位与职责进行了有效设计（3分，每有1对不相容岗位未进行有效设计扣1分，直至扣完）	5.1.1 本单位不相容岗位与职责包括申请与审核审批（未进行有效设计的，扣1分）		通过查看本单位已印发的岗位规章制度及岗位职责手册确认
			5.1.2 本单位不相容岗位与职责包括审核审批与执行（未进行有效设计的，扣1分）		
			5.1.3 本单位不相容岗位与职责包括执行与信息记录（未进行有效设计的，扣1分）		
			5.1.4 本单位不相容岗位与职责包括审核审批与监督（未进行有效设计的，扣1分）		
			5.1.5 本单位不相容岗位与职责包括执行与监督（未进行有效设计的，扣1分）		
		5.2 不相容岗位与职责得到有效的分离和实施（3分）	针对本单位的各项经济活动，应落实所设计的各类不相容岗位与职责，形成相互制约、相互监督的工作机制。 1. 所有抽查的相关单据签字均符合要求的，该项得分，否则不得分。 2. 查看单位接受内外部检查反映的问题情况，如果有相关问题，该项不得分。		通过按类别随机抽查相关单据确认
单位层面（55分）	6. 内部控制管理信息系统功能覆盖情况（本指标8分，本单位未建立内部控制管理信息系统	6.1 建立内部控制管理信息系统，功能覆盖主要业务控制及流程（5分，每有1项内容未包含扣1分，直至扣完）	6.1.1 内部控制管理信息系统功能未包括预算管理业务事项（扣1分）		通过查看系统功能说明书，实际操作系统，将系统功能与内部控制制度要求对比确认
			6.1.2 内部控制管理信息系统功能未包括收支管理业务事项（扣1分）		
			6.1.3 内部控制管理信息系统功能未包括政府采购管理业务事项（扣1分）		
			6.1.4 内部控制管理信息系统功能未包括资产管理业务事项（扣1分）		

续表

类别	一级指标	二级指标	三级指标	评价得分	佐证材料
单位层面(55分)	的，得0分)	6.1 建立内部控制管理信息系统，功能覆盖主要业务控制及流程(5分，每有1项内容未包含扣1分，直至扣完)	6.1.5 内部控制管理信息系统功能未包括建设项目管理业务事项(扣1分)		
			6.1.6 内部控制管理信息系统功能未包括合同管理业务事项(扣1分)		
		6.2 系统设置不相容岗位账户并体现其职权(3分，每存在一对不相容岗位未分别设置独立账户或权限的，扣1分，直至扣完)	应针对所覆盖的业务流程内部控制的不相容岗位与职责在系统中分别设立独立的账户名称和密码、明确的操作权限等级。		通过查看系统功能说明书，实际操作系统，将系统用户账户设置情况与内部控制制度要求对比确认
			6.2.1 申请与审核审批(未分别设置的，扣1分)		
			6.2.2 审核审批与执行(未分别设置的，扣1分)		
			6.2.3 执行与信息记录(未分别设置的，扣1分)		
			6.2.4 审核审批与监督(未分别设置的，扣1分)		
			6.2.5 执行与监督(未分别设置的，扣1分)		
业务层面(45分)	7. 预算业务管理控制情况(本指标7分)	7.1 对预算进行内部分解并审批下达(3分)	本单位财会部门应根据同级财政部门批复的预算和单位内部各业务部门提出的支出需求，将预算指标按照部门进行分解，并经预算管理委员会审批后下达至各业务部门(3分)		通过查看预算批复文件、部门职责、工作计划和预算批复内部下达文件确认
		7.2 预算执行差异率(4分) 年度预算执行差异率=|年度决算支出额-年初预算支出额|/年初预算支出额×100%	计算本单位近3年年度预算执行差异率的平均值，如果： 1. 差异率绝对值在5%以内(含)或产生差异率的原因与内部控制无关，得4分 2. 如经查证产生差异率的原因与内部控制有关，根据差异率结果进行评分： (1)差异率绝对值在5%~10%(含)的，得2分； (2)10%~15%(含)的，得1分； (3)超过15%的，得0分。		通过查看经同级财政部门批复的单位预算额度及单位决算报表等确认

续表

类别	一级指标	二级指标	三级指标	评价得分	佐证材料
业务层面（45分）	8. 收支业务管理控制情况（本指标 6 分）	8.1 收入实行归口管理和票据控制，做到应收尽收（2分）	8.1.1 本单位各项收入（包括非税收入）应由财会部门归口管理并进行会计核算（没有做到的，扣 0.5 分）		通过查看本单位相关制度，查看财会部门核对合同的记录、票据台账确认
			8.1.2 涉及收入的合同，财会部门应定期检查收入金额与合同约定是否相符（没有做到的，扣 0.5 分）		
			8.1.3 按照规定设置票据专管员，建立票据台账（没有做到的，扣 0.5 分）		
			8.1.4 对各类票据的申领、启用、核销、销毁进行序时登记（没有做到的，扣 0.5 分）		
		8.2 支出事项实行归口管理和分类控制（2分）	8.2.1 本单位应明确各类支出业务事项的归口管理部门及职责，并对支出业务事项进行归口管理（没有做到的，扣 0.5 分）		通过查看支出管理制度、内部审批单、相关支出凭证确认
			8.2.2 支出事项应实行分类管理，应制定相应的制度，不同类别事项实行不同的审批程序和审批权限（没有做到的，扣 0.5 分）		
			8.2.3 明确各类支出业务事项需要提交的外部原始票据要求，明确内部审批表单要求及单据审核重点（没有做到的，扣 0.5 分）		
		8.3 举债事项实行集体决策，定期对账（2分。按规定禁止举借债务的单位，如存在举债行为，此项得 0 分）	8.2.4 通过对各类支出业务事项的分析控制，发现支出异常情况及其原因，并采取有效措施予以解决（没有做到的，扣 0.5 分）		通过查看制度文件、会议纪要、对账单、债务合同等确定
			8.3.1 按规定可以举借债务的单位，应建立债务管理制度（没有做到的，扣 0.5 分）		
			8.3.2 实行事前论证和集体决策（没有做到的，扣 0.5 分）		
			8.3.3 定期与债权人核对债务余额（没有做到的，扣 0.5 分）		
			8.3.4 债务规模应控制在规定范围以内（没有做到的，扣 0.5 分）		

续表

类别	一级指标	二级指标	三级指标	评价得分	佐证材料
业务层面（45分）	9. 政府采购业务管理控制情况（本指标7分）	9.1 政府采购合规（4分）	本单位采购货物、服务和工程应当严格按照年度政府集中采购目录及标准的规定执行。每存在一项应采未采或违反年度政府集中采购目录及标准规定的事项，扣1分，直至扣完		通过查看一定期间的单位政府采购事项确认
		9.2 落实政府采购政策（2分）	政府采购货物、服务和工程应当严格落实节能环保、促进中小企业发展等政策。每存在一项未按规定执行政府采购政策的事项，扣1分，直至扣完		通过查看一定期间的单位政府采购事项确认
		9.3 政府采购方式变更和采购进口产品报批（1分）	采用非公开招标方式采购公开招标数额标准以上的货物或服务，以及政府采购进口产品，应当按照规定报批。每存在一项未按规定报批的事项，扣1分，直至扣完		通过查看一定期间的单位政府采购事项确认
业务层面（45分）	10. 资产管理控制情况（本指标6分）	10.1 对资产定期核查盘点、跟踪管理（4分）	应定期对本单位的货币资金、存货、固定资产、无形资产、债权和对外投资等资产进行定期核查盘点，做到账实相符；对债权和对外投资项目实行跟踪管理。每存在一类资产未定期核查盘点或跟踪管理的扣1分，直至扣完		通过查看近1年内本单位的各类资产台账、会计账簿、盘点记录、各类投资决策审批文件、会议纪要等确认

续表

类别	一级指标	二级指标	三级指标	评价得分	佐证材料
业务层面（45分）	10. 资产管理控制情况（本指标6分）	10.2 严格按照法定程序和权限配置、使用和处置资产（2分）	本单位配置、使用和处置国有资产，严格按照审批权限履行审批程序，不存在未经批准自行配置资产、利用资产对外投资、出租出借、自行处置资产现象（2分）		通过查看资产的配置批复情况、对外投资、出租出借、无偿调拨（划转）、对外捐赠、出售、出让、转让、置换、报废报损、货币性资产损失核销等文件确认
业务层面（45分）	11. 科研项目管理控制情况（本指标5分）	11.1 科研项目预算编制真实、合理、相关（1分）	本单位科研部门根据科研业务实际情况提出资金需求，编制真实、科学、合理的项目预算文本。科研项目实行归口管理，预算由归口部门审核把关（1分）		通过查看预算批复文件、项目立项书、部门职责、工作计划和预算批复内部下达文件确认
		11.2 科研项目经费支出以批复的预算为依据，预算调整履行审批手续（1分）	科研项目经费支出严格执行预算批复，确因科研工作需要需调整预算的，履行相关审批手续（1分）		通过查看预算批复文件、预算调整文件、部门决算报表确认
		11.3 按期结题验收，结余资金统筹管理（1分）	科研项目按工作计划和立项书要求按期结题验收，结余资金实行统筹管理（1分）		通过查看工作计划、项目立项书、结题验收资料确认

续表

类别	一级指标	二级指标	三级指标	评价得分	佐证材料
业务层面(45分)	11. 科研项目管理控制情况(本指标5分)	11.4 成果转移转化通过协议定价、在技术交易市场挂牌交易、拍卖等方式确定价格(1分)	成果转移转化通过协议定价、在技术交易市场挂牌交易、拍卖等方式确定价格(1分)		通过查看成果转移转化相关资料确认
		11.5 建立成果转移转化收入分配奖励约束机制(1分)	建立成果转移转化收入分配奖励约束机制，并按规定执行(1分)		通过查看成果转移转化收入分配奖励制度和收入分配相关审批手续确认
业务层面(45分)	12. 建设项目管理控制情况(本指标8分)	12.1 履行建设项目内容变更审批程序(2分)	本单位应按照批复的初步设计方案组织实施建设项目，确需进行工程洽商和设计变更的，建设项目归口管理部门、项目监理机构应当进行严格审核，并且按照有关规定及制度要求履行相应的审批程序。重大项目变更还应参照项目决策和概预算控制的有关程序和要求重新履行审批手续。每存在1个建设项目不合规定变更的，扣1分，直至扣完		通过查看近5年内本单位已完工的建设项目在建设期间发生的各项变更确认
		12.2 及时编制竣工决算和交付使用资产(2分)	本单位应在建设项目竣工后及时编制项目竣工财务决算，并在项目竣工验收合格后及时办理资产交付使用手续。每存在1个建设项目未及时编制竣工验收决算的，扣1分；每存在1个建设项目未及时办理资产交付使用手续的，扣1分，直至扣完		通过查看近5年内本单位已完工建设项目的竣工验收资料和决算编制审计资料确认

续表

类别	一级指标	二级指标	三级指标	评价得分	佐证材料
业务层面（45分）	12. 建设项目管理控制情况（本指标8分）	12.3 建设项目超概算率（4分） 建设项目超概算率=（建设项目决算投资额-批准的概算投资额）/批准的概算投资额×100%	计算近5年内本单位已完工的建设项目超概算率，如果： 1. 如与内部控制无关，得4分 2. 如经查证产生超概算率的原因与内部控制有关，根据产生超概算率的情况进行评分：每存在1个建设项目超概算率高于5%的，扣2分，直至扣完		通过查看建设项目投资概算、经批复的竣工决算报告等确认 建设项目决算投资额以经批复的项目竣工财务决算为准；在建设期间，调整初步设计概算的，以最后一次的批准调整概算计算
业务层面（45分）	13. 合同管理控制情况（本指标6分）	13.1 加强合同订立及归口管理（3分）	本单位应对合同文本进行严格审核，并由合同归口管理部门进行统一分类和连续编号。对影响重大或法律关系复杂的合同文本，应组织业务部门、法律部门、财会部门等相关部门进行联合审核。每存在1个合同不合规定的，扣1分，直至扣完		通过查看相关制度、随机抽查合同审批记录、会议纪要等确认
		13.2 加强对合同履行的控制（3分）	本单位应当对合同履行情况进行有效监控，明确合同执行相关责任人，及时对合同履行情况进行检查、分析和验收，如发现无法按时履约的情况，应及时采取应对措施；对于需要补充、变更或解除合同的情况，应按照国家有关规定进行严格的监督审查。每存在1个合同未对合同履行情况进行有效监控、或未对合同补充、变更、解除进行监督审查的，扣1分，直至扣完		通过查看合同履行情况检查记录、合同验收文件、合同补充、变更或解除的监督审查记录等确认
合计（100分）	评价总分				

2. 形成内部控制基础性评价报告

单位根据上述《科研事业单位内部控制基础性评价指标评分表》打分结果，编写内部控制基础性评价报告，报告参考格式如下：

科研事业单位内部控制基础性评价报告

（参考格式）

________内部控制基础性评价报告

为贯彻落实《财政部关于全面推进行政事业单位内部控制建设的指导意见》的有关精神，按照《财政部关于开展行政事业单位内部控制基础性评价工作的通知》要求，依据《行政事业单位内部控制规范（试行）》的有关规定，我们对本单位的内部控制基础情况进行了评价。

一、内部控制基础性评价结果

根据《科研事业单位内部控制基础性评价指标评分表》中列明的评价指标和分值，本单位（部门）单位层面内部控制基础性评价得分为____分，业务层面内部控制基础性评价得分为____分，共计____分。

本单位各指标具体得分情况如下表：

类别	评价指标	评价得分
单位层面（60分）	1. 内部控制建设启动情况（14分）	
	2. 单位主要负责人承担内部控制建立与实施责任情况（6分）	
	3. 对权力运行的制约情况（8分）	
	4. 内部控制制度完备情况（16分）	
	5. 不相容岗位与职责分离控制情况（6分）	
	6. 内部控制管理信息系统功能覆盖情况（10分）	

续表

类别	评价指标	评价得分
业务层面（40分）	7. 预算业务管理控制情况（7分）	
	8. 收支业务管理控制情况（6分）	
	9. 政府采购业务管理控制情况（7分）	
	10. 资产管理控制情况（6分）	
	11. 建设项目管理控制情况（8分）	
	12. 合同管理控制情况（6分）	
	13. 科研项目管理情况	
（100分）	评价总分	

在本单位内部控制基础性评价过程中，存在扣分情况的指标汇总如下：

〔逐项列示存在扣分情况的评价指标、评价要点、扣分分值及扣分原因〕

二、特别说明项

（一）特别说明情况

本单位内部控制出现问题，导致单位在经济活动中〔发生重大经济损失/引起社会重大反响/出现经济犯罪〕，特将相关情况说明如下：

〔具体描述发生的相关事件、影响及处理结果〕

〔如本单位未发生相关事件，填写“未发生相关情况”〕

（二）补充评价指标及其评价结果

本单位根据自身评价需求，自愿将〔填写补充评价指标名称〕等补充评价指标纳入本次内部控制基础性评价范围。现将补充评价指标及评价结果说明如下：

〔具体描述各个补充评价指标的所属类别、名称、评价要点及评价结果等内容〕

三、内部控制基础性评价下一步工作

基于以上评价结果，本单位将〔描述与存在扣分情况的评价指标及评价要点相关的管理领域〕等管理领域作为20XX年内部控制建立与实施的重点工作和改进方向，并采取以下措施进一步提高内部控制水平和效果：

〔逐项描述拟采取的进一步建立健全内部控制体系的工作内容、具体措施、工作责任人、牵头部门、预计完成时间等〕

单位主要负责人：〔签名〕

〔单位签章〕

XX单位

20XX年XX月XX日

（三）风险评估

单位在内部控制基础性评价基础上，应当建立经济活动风险定期评估机制，对经济活动进行风险评估，对经济活动存在的风险进行全面、系统和客观评估。风险评估结果作为内部控制体系设计、建设和完善的依据。风险评估具体内容在第二章进行详细介绍。

（四）内部控制体系建设

1. 内部控制体系设计

内部控制基础性评价和风险评估工作完成后，即可进入实质性内部控制建设阶段。科研事业单位内部控制体制建设具体可分为单位层面和业务层面两方面。

单位层面的内部控制主要是为业务层面内部控制提供环境基础，直接决定业务层面内部控制的有效实施和运行。科研事业单位在开展单位层面内部控制建设时，应该致力于形成一个科学高效、分工制衡的组织机构，对关键岗位和关键岗位人员进行科学有效的管理，关键岗位设置合理，关键岗位人员德才兼备，并且能够提供真实、完整的财务信息，借助于信息系统实现内部控制体系信息化和常态化。

科研事业单位业务层面内部控制建设包括7个方面：预算业务控制、

收支业务控制、政府采购业务控制、资产控制、建设项目控制、合同控制、科研项目控制。各单位在长期发展过程中，已建立了很多符合自身实际情况的内部管理制度、业务流程和控制措施等，实际上每个单位都有自己的内部控制，只是各单位的完善程度不一样，没形成统一的规范标准。业务层面的内部控制建设就是按照《行政事业单位内部控制规范(试行)》的要求梳理现有制度体系、流程体系和控制措施，根据内部控制基础性评价和风险评估结果，建立完善相应制度与流程的过程。

2. 内部控制手册编制

单位内部控制体系通过内部控制手册具体体现。内部控制手册是单位实施内部控制的指导性文件，是内部控制建设的最终成果，其质量直接影响内部控制的落地，体现内部控制的实施效果。

内部控制手册应具备两个必要条件：一是手册框架要符合《行政事业单位内部控制规范(试行)》的要求，内部控制要素要完整，框架设计要体现科学性和系统性。二是手册内容要符合单位实际情况，具有可操作性。只有这样，内部控制手册才具有其价值，才能发挥其功能。本书将以 NK 研究所为例展开叙述，附录《NK 研究所内部控制手册》详细列举内部控制手册具体内容，供各科研事业单位参考。

（五）内部控制体系实施

内部控制手册编制完成仅仅是内部控制体系建设的开始，落地实施才是关键。实施一般要经过以下步骤。

1. 组织动员培训

内部控制体系实施首先要做动员培训，重要是做好工作部署和具体安排。动员培训应由内部控制领导小组出面进行，动员培训对象应包括所有列入内部控制实施范围的部门和岗位，以示领导班子的决心，统一单位上下的认识。

2. 测试运行

内部控制体系全面实施之前，可以先选择个别部门或业务试运行，对内部控制体系进行穿行测试和执行测试，以发现内部控制体系的设计缺陷和执行缺陷，针对发现的缺陷提出解决方案、优化内部控制手册。

3. 正式实施

内部控制体系试运行成功、内部控制手册优化完善后，就可以正式运行了。正式运行就是各项制度全面生效，各项控制措施发挥作用，风险不断被识别并被逐一化解。内部控制体系覆盖单位所有经济业务，覆盖经济业务涉及的所有部门和所有岗位。

（六）内部控制体系持续优化

内部控制牵头部门密切关注执行情况，及时协调解决执行中遇到的问题，各部门根据职责划分做好落实。

第二章
科研事业单位风险评估

一、科研事业单位风险评估概述

目前，我国科研事业单位内部控制建设还处于发展阶段，还有很大的提升空间。

（一）科研事业单位内部控制目前存在的问题

1. 重视度不够，机制构建不完备

从根源来分析，科研事业单位的资金来源主要依靠财政拨款，与企业不同，科研事业单位自身不存在经营创收压力，从客观实际来看，很多科研事业单位对内控重视程度不够，仅仅为了应付上级检查需要。即便是建立了定期风险评估机制的科研事业单位，其机制的贯彻执行也不到位，未能根据单位的实际发展需要将评估机制灵活运用，在出现重大风险时，不能及时地启动风险评估机制，相应地，风险识别、分析及控制也出现缺位。

2. 预算决算管理工作不到位

（1）预算编制相关工作不严密

因为前期单位内部沟通有效性不够，导致预算部门在编制预算的过程中，无法获取完整准确的预算信息，仅仅是堆砌数字。部门预算上报后，预算部门进行汇总即可，没有对预算分析进行反馈并且有效考核缺失。对各部门的预算没有做到科学合理的有效比对分析，预算发生调整没有及时应对并针对性提出问询，没要达到预算科学合理、严谨细致的要求。

(2)预算未达到有效可控执行

正因为前期预算编制科学合理严密性缺失，后续预算执行过程中往往会发生失控情形，预算指标和预算执行无法对应，预算制度无法有效执行。执行过程中常会出现预算少的支出过多，预算多的又存在剩余的情况。

(3)决算考核形同虚设

科研事业单位决算考核理论上要依据预算执行情况展开，但是实践中，单位因预算编制不严密、执行不到位，由此导致考核也是形同虚设。对科研事业单位资金收支实质未能形成有效监督，进而导致决算考核失败，决算参考意义失准，无法指引新年度预算，如此往复势必造成恶性循环。

3. 内控工作的数字智能化程度欠缺

随着新时代信息技术由数字化到数智化转型升级，科研事业单位在内部控制信息化水平建设上还存在滞后现象。从普遍现实情况来看，虽然科研事业单位大多已经构建诸如办公自动化系统、企业资源计划(ERP)系统、财务系统(TMS)等，但是将各种系统整合并联构建成专业内部控制系统的还是少数，客观来说，科研事业单位与大型央企等机构相比，在内控系统建设方面还有较大差距。

(二)事业单位内部控制风险评估及控制优化路径

1. 建立健全定期风险评估机制

针对事业单位定期风险评估机制缺位问题，应组建风险评估机构，制定定期风险评估机制，定期风险评估工作应由单位主要负责人领导，风险评估机构具体执行。机制应详细、具体、有可操作性，包括风险评估机构成员、风险评估的频次、风险评估的范围及风险评估的内部监督等内容。风险评估机构成员应包括财务、资产、人事、基建、采购和审计等部门的所有关键岗位人员，有条件的事业单位也可聘请专家加入风险评估工作中；风险评估的频次应不限于一年一次，涉及外部环境、内部架构或制度政策发生重大变化的，应及时进行风险重估，确保风险评估频次与重大风险变化频次相匹配；风险评估的范围应涵盖单位层面及业务层面所有经济活动风险及外部风险；风险评估的监督应与内部控制的其他监督相结合而进行，且由专门的监督检查部门负责。[①]

2. 提高风险评估的效率和效果

目前，事业单位很多职工都已树立了较强的风险意识，但距离建立“全员懂内控、全员防风险”的风险管理文化，还有差距。为真正提高风险评估效率和效果，进一步打造重视风险评估的良好氛围，事业单位应将风险评估工作放在单位整体工作的高度。每个业务部门的工作职责中都应该包括风险评估的内容，由部门负责人主抓，通过厘清责任、分明权责，保证所有风险都有人评估、有人负责；另外，应将内部控制相关制度及内控手册纳入单位的制度汇编中，通过组织职工学习、专业人士宣讲、单位风尚引导等方式，培养职工风险评估意识，提高职工风险评估水平。同时，注重风险评估人才的培养，尤其抓好关键岗位职业技能的提升，结合重要性原则、制衡性原则和适应性原则，切实提高风险评估的效率和效果。

3. 加大力度，推动风险控制各项措施落地落实

对于风险评估结果，单位层面风险形成风险清单，业务层面风险形成事件库，结合集体研究、专家认证和技术咨询的综合考虑后，经办公会审批通过，下发各相关部门。相关部门应在规定时间内拿出可行的风险控制措施并第一时间落实，尽可能在最短的时间内将风险控制在可接受范围内。强化风险评估结果的应用，科学选用控制方法，确保方法得当，效果突出。科学、合理确定单位的风险偏好及风险承受度，根据风险的上下

① 吕宁．事业单位内部控制风险评估和控制存在的问题及优化路径[J]．中国产经，2021-05-08.

限，采取应对措施，把握好风险和效益的平衡点。根据单位业务流程，编制风险控制矩阵，准确把握风险控制的优先顺序，进而明确业务活动涉及的主要风险关键控制点和控制措施，落实到相应的责任岗位。引入激励与追责机制，通过赏罚分明，推动风险控制措施真正落地落实。

4. 提高重视程度，强化内部风险监督

事业单位应持续加强对风险监督工作的重视，继续建立健全内部风险监督机制，督促相关人员认真履行风险评估和控制职责，倒逼超前防范和源头预防。开展内部风险监督，一方面要配备高水平监督人员，真正敢于担当、敢于问责、敢于发现问题；另一方面要充分利用现代化信息技术，破除事业单位信息化水平低的桎梏，通过升级更新信息化系统，将经济活动内部控制信息化，减少人为操纵风险。内部风险监督工作还要建立长效机制，以纪、监、审为主要负责部门，通过健全监督体系、创新监督方法、“一岗双责”和“廉政风险建设”相结合、上级监督和下级监督相结合、监督与考核相结合等手段，拓宽监督范围，确保风险延伸到哪儿，监督工作就实施到哪儿。

5. 建立内部控制信息化系统

一方面，要对信息化建设有一套整体的规划，强化顶层设计的概念。将目前大部分事业单位所使用的办公自动化系统、财务系统、预算系统、招投标系统等相互结合，打通各个系统之间的壁垒，形成一套完整的、能够使数据相互传输、相互分享的信息化体系。信息化的建设可以组建内部信息化团队，自我设计、架构与单位实际紧密契合的信息化系统。另一方面，可以结合自身事业单位的特点，通过市场化渠道购买专业信息化系统。不管用哪一种方式实现本单位内控信息化，都要力争内控系统涵盖本单位工作的全方面，例如：将业务相关的申请、分级审批、跟踪执行、及时反馈、后续监督等工作都集中在信息系统中，在信息系统中完成上述流程可以尽可能地减少人为失误带来的风险，同时也会提高信息传输的效率，提高各个部门之间的沟通效率，数据的集中还可以为后续共享系统的建立创造条件。①

二、科研事业单位风险评估程序

当今世界正面临百年未有之大变局，科研事业单位要克服各种困难，稳中有增，发展各项工作。做好风险评估和控制工作需要科研事业单位提高重视，有长远规划，投入更多的人力、物力、财力，日积月累，潜移默化提高风险评估和控制的水平，才能更好地保障科研事业单位持续、健康、科学发展。

内控制度就是要从结合单位具体业务流程与工作程序入手，制定内部控制制度，提出风险应对措施。探究评估程序设计及方法，奠定内部控制与风险评估基础。

（一）基本流程和理论基础

科研事业单位内部控制风险评估工作一般性流程内容，如图 2-1 所示。

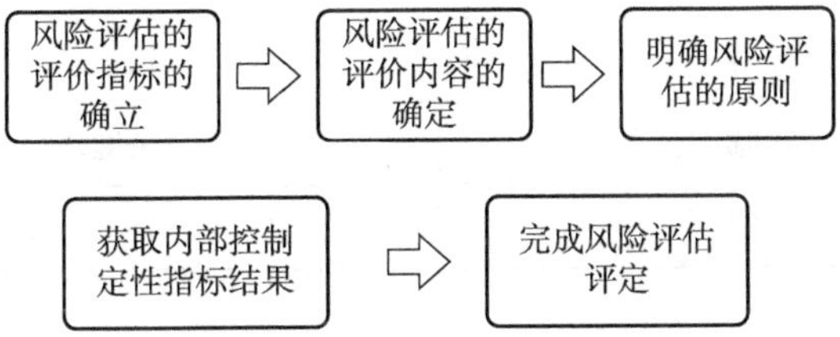

图 2-1　科研事业单位内部控制风险评估工作一般性流程

科研事业单位的内部控制风险可以分为内部风险与外部风险，还存在着

① 辛思慧．事业单位内部控制问题探析——以风险评估因素为例[J]．行政事业资产与财务，2020-14.

交叉风险。如：安全风险、财务风险、信息系统风险等，如图 2-2 所示。

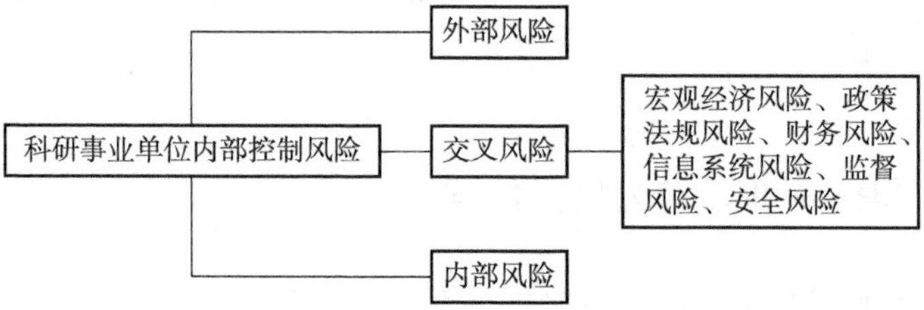

图 2-2　科研事业单位的内部控制风险分类

风险评估的评估内容必须结合科研事业单位实际，明确自身优势和薄弱环节，做好应对精准控制，最大限度地实现内控目标。

（二）内部控制风险评估内涵外延

毋庸置疑，内部控制风险评估作为实践性活动，必须与评估体系内的有关活动相关联进行系统全面研究。在研究探讨内部控制风险控制评估语境下，控制环境、风险评估、信息沟通、监督机制等都属于必须研究探讨的应有之义，其内在关系可见表 2-1。

表 2-1　内部控制风险评估体系相关要素及内涵意义

内部控制风险评估体系相关要素	内涵意义
控制环境	基础要素
风险评估	内控起点
信息沟通	关键因素
监督机制	再控制机制

如将表 2-1 中各种要素结合，科研事业单位可以构建一个完整内部控制系统。

（三）风险评估体系的设计原则

1. 主客观相结合

科研事业单位在风险评估体系建构过程中，既要客观明确自身存在的问题，也要集中科研事业单位职能优势，管理者与科研团队全体共振发力，发挥主观能动性应对问题、分析问题、解决问题，构建科学合理的风险评估体系。

2. 坚持全面突出重点

内部控制风险评估指标的全面性，要求单位内部控制风险体系对本单位自身的内部控制现状进行全面反映。科研事业单位在内部控制风险评估既要体现大局、顾及全面，又要突出重点，结合实际情况，选取重点指标。既要做到避免不同指标之间的交叉重叠，也要将重点指标与单位全面工作通盘考虑，必要时对重点指标代表性突出强化。

3. 定性定量高效完成

科研事业单位的数据是科学严谨的代名词，对内部控制评价起到至关重要的作用。可以说定量指标能够较为客观地评价单位内部控制风险水平。明确定性与定量相结合原则，进而提升科研事业单位内部风险评估实效性。

（四）风险评估体系的程序设计

单位内部控制风险评估程序可见图 2-3。

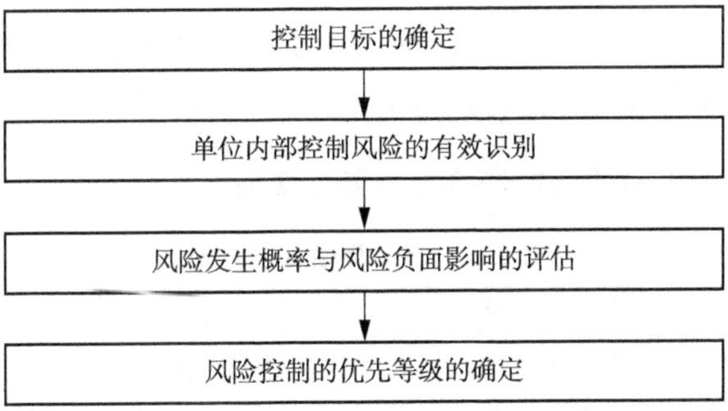

图 2-3　单位内部控制风险评估程序

如图 2-3 流程所示，对科研事业单位内部控制风险评估体系设计目标进行明确，可以为各项科研项目的展开提供支持。

（五）内部控制风险评价体系建设目标的影响因素

如图 2-4 所示，科研事业单位所处的实际经营环境，单位的经济环境以及单位的各项资源情况将影响评价体系建设目标。必须利用系统化、科学化的方法，对相关目标进行逐级分解，进而提升单位可接受的风险水平。

图 2-4　内部控制风险评价体系建设目标的影响因素

三、科研事业单位风险评估报告

科研事业单位风险评估工作与科研单位内部控制体系的建设相互促进、有机结合，是科研单位围绕总体经营目标，识别科研单位各业务院所、各重大活动及其重要业务流程中的风险，并对风险发生的可能性和影响程度进行分析、评价和应对的过程。

总体而言，风险评估报告结构如表 2-2 所示。

表 2-2　风险评估报告结构

风险评估报告栏目要素	主要内容
单位情况概述	本部分就科研事业单位风险评估项目背景，定位与目标、理念与方案三大内容进行概括与总结，便于报告使用者理解本次风险评估工作的基本目标与方法
风险评估实施过程	本部分是整个风险与内控体系建设工作的起点，旨在构建一个具有代表性又有扩展性的通用风险管理标准，从风险管理知识宣传、风险分类与定义、风险评估标准三大方面初步构建企业风险管理基础平台

续表

风险评估报告栏目要素	主要内容
识别科研事业单位重大风险	根据风险调查问卷和风险调研访谈，识别出单位面临的重大风险，以供单位管理层参考
风险管理体系的建设	结合科研事业单位风险管理的现状，提出相应的改进措施，包括风险管理组织结构设置，职能设置，工作流程及工作防范建议

如表 2-2 所示的四方面相关内容要在科研事业单位风险评估报告中逐层推进，并形成风险评估完整过程。

（一）风险评估项目概述

1. 科研事业单位风险评估项目背景

要从科研事业单位的成立时间及背景，后续沿革、发展前景、业务架构、组织结构等方面出发编制科研事业单位风险评估报告就是借助风险评估项目，引导包括主要领导在内的单位全体干部职工，通过有效识别和评估影响本科研事业单位在研项目和科研规划潜在的内外部风险源，完善重大风险的应对与管控机制，进而防范和降低各类风险。

2. 关于风险评估项目定位与目标

如图 2-5 所示，建立风险管理基础、明确重大风险领域和团队能力建设与知识培养就是风险评估项目主要目标。

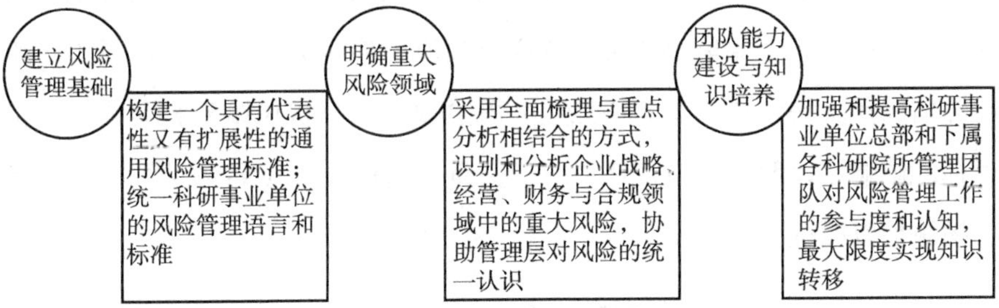

图 2-5　风险评估项目通过自身定位形成三大目标

（二）风险评估项目实施过程

1. 关于判断风险分类与定义

首先要从科研事业单位战略目标出发，参考内部控制整合框架、行业风险数据库以及科研事业单位的风险管理实务，并结合本单位的战略目标、实际情况等因素，建立适用于本单位的风险数据模型（即风险图表），如图 2-6 所示。

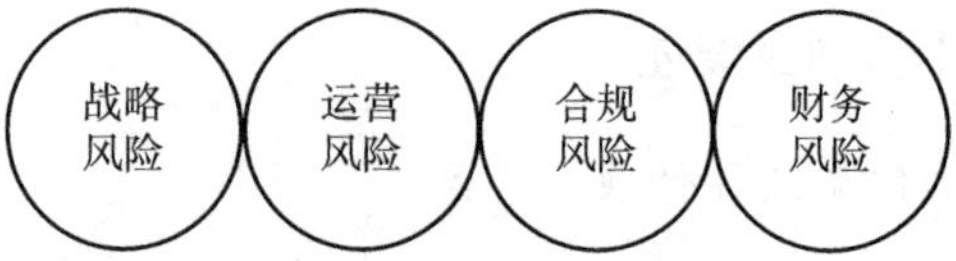

图 2-6　单位风险数据模型各构成部分

要从四个主要方面，即战略风险、运营风险、合规风险及财务风险对科研事业单位所面临的风险进行分类和定义，进行评定并据此明确风险管理的优先次序。应从风险发生的可能性和风险影响程度两个维度入手进而确定单位风险等级。

2. 关于实施风险评估过程

科研事业单位要从便于相关人员理解和评估风险的角度入手，可以采用风险调查问卷、风险调研访谈等形式，以风险数据统计、设定评估标准为基础，在科研事业单位及所属各科研院所开展全方位、多层次风险识别与评估工作。评估科研事业单位重大风险领域，分析风险对科研成果任务目标的影响，以明确风险责任，对相关重点科研课题项目领域中的风险管控措施加以改进。

（三）针对风险评估的调研结果

科研事业单位要结合前期发放的风险调查问卷或是之前展开的风险调研访谈结果，对已存在的并可能影响有关科研成果任务目标实现的风险开展客观科学、合理有效的评估，并结合评估情况对有关风险进行排序。一般而言，科研事业单位面临的风险排序如下：科研课题战略和多元化、战略规划、政策性变化、风险管理体系建设，单位管理层的基调、社会影响、科研结构风险，人力资源规划及政策、组织结构等。这些风险并不独立存在，实际上，各类风险往往互相影响、互相牵制，共同对科研成果任务目标产生影响。因此需要我们进一步提高风险评估及控制能力水平。

（四）科研事业单位风险管理体系搭建

科研项目风险管理框架包括科研项目战略（目标）、识别影响科研项目战略的重要风险以及科研项目流程与管控体系（见图 2-7）。

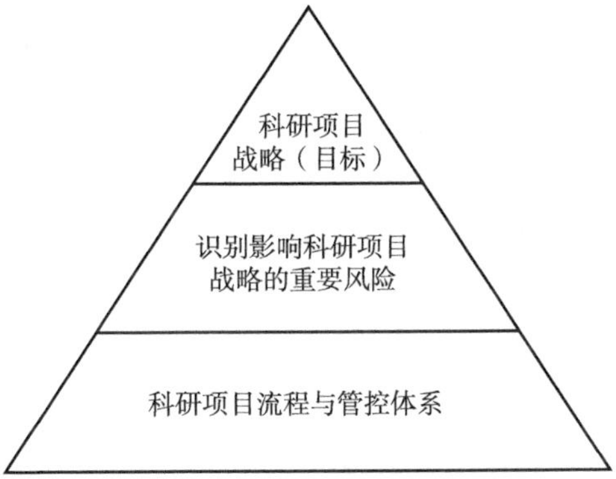

图 2-7　科研项目风险管理框架

如图 2-7 所示，科研项目战略（目标）处于科研项目管理及风险管理体系的最高层，各项工作必须向科研项目战略（目标）看齐。风险识别是为了找到影响战略目标达成的不确定因素，科研项目需要将外部环境、内部经营与战略目标进行对比，以识别出影响科研项目战略的重要风险。科研项目流程与管控体系则是风险管理体系的重要落脚点，完善的风险管理体系可以从科研项目的流程、制度等管控体系中识别出影响目标实现的因素，并在风险管理体系的制度及流程上建立风险应对措施。

风险评估工作结束后，形成风险评估报告，反映科研事业单位的风险及其分布状况，为单位领导决策提供支持。通过风险辨识、风险分析及风险评价，编写出风险评估报告，为科研事业单位下一步整改落实编制行动指南，为更好预防控制风险提供基本体系。

第三章

科研事业单位内部控制方法

一、科研事业单位内部控制方法概述

随着我国科研行政事业单位改革不断推进，加之“放、管、服”政策持续助力，科研事业单位内部控制工作正逐渐向效率化以及公开化发展。科研事业单位应当更加重视内部控制的开展，结合各单位的实际情况与需求，实施完善科学合理的内部控制工作方法，加强监督与管控，确保科研资金的合理使用，提升科研资金管理水平。

（一）科研事业单位内部控制的重要性

各级科研事业单位，如果内部控制工作开展不完善，可能会出现单位内部别有用心之徒，利用职权违法违规、牟取不当利益，进而造成国有资产损失。加强科研事业单位内部控制工作，能够保证各项业务高效开展，避免单位内部出现贪污腐败等问题。构建内部控制体系，加强内部控制工作，对目前我国各级科研事业单位而言，确保国有资产完整性安全性具有重要意义。

（二）科研事业单位内部控制中存在的问题

1. 内部控制制度及流程不完备

为实现工作质量与工作效率二者兼顾，科研事业单位在推动内部控制工作进展中，不仅需要与之配套的内部控制制度作保障，更需要结合科研事业单位实际情况和具体需求，制定完备的内部控制流程，充分发挥内部控制工作优势，从而使得内部管理工作高效开展。但在实际工作中，科研事业单位存在内部控制制度不完善的问题，同时对这一制度并不重视，严重制约内部控制工作发展，进而不利于单位各项工作的全面发展。虽然部分科研事业单位在运营中实施了内部控制制度，但由于缺乏重视，对待内容工作十分消极，针对内部控制中存在的问题，解决不充分，制约了内部控制质量，导致各项制度流于形式，各方面工作效率低下，无法提升科研事业单位内部管理水平。①

2. 部门之间工作衔接不流畅

科研事业单位在日常工作过程中，各个相对独立的部门，往往是独立发展与运转，并不能顺畅地直接对接工作。比如：某科研事业单位综合部门(科研项目管理部)负责统筹政府采购工作，业务院所负责需要经过政府采购的项目设备、用品等事项申报，财务会计部负责内部控制。综合管理部门与内控(财务会计)部门往往不直接对接工作，主要通过业务院所进行信息交流与沟通。这种工作对接沟通形式效率较低，并且容易在信息传输过程中出现错误，不能实现各项信息的准确传递，进而导致财务会计内部控制决策不科学，容易出现失误；同样地，该单位综合部门(科研项目管理部)与内控(财务会计)部门之间正是由于缺乏直接沟通交流的机制，导致在开展内部控制管理工作时，无法及时形成统一管理目标，加之部门之间交流不及时、不顺畅、不充分，各部门对其工作内容、时间进度、准确的预算额度、项目质量要求等了解不统一，最终会出现重大管理漏洞。不难看出各部门之间工作衔接不顺畅，也是制约内部控制工作开展的重要原因。

3. 预算监督不完善

预算监督管理是科研事业单位内部控制工作的重要内容，内部控制工

① 黄维轶．简析行政事业单位财务会计的内部控制方法及相关思考[J]．质量与市场，2021(11)．

作产生直接影响预算监督管理工作的质量。但在实际工作中，由于单位内部财务人员对单位资金预算掌握不充分，导致在运用科研资金时出现各种问题，资金管理压力增加，资金管理质量低下；再者，科研事业单位在开展预算监督管理时，如果监督力度不够，还会出现内部资金管控难度加大，内部资金浪费等问题。要解决上述存在的问题，科研事业单位必须加强监督管理力度，提高资金管理效率。

（三）科研事业单位内部控制方法

科研事业单位在运营中，要不断提升内部控制意识，加强资金预算管理，提升单位控制内外监管水平。内部控制是科研事业单位管理中的重要内容，对行政事业单位发展具有至关重要的作用。有效发挥内部控制优势，保证国有资产的安全，促进行政事业单位的可持续发展。

结合目前实际工作的普遍性经验和理论，科研事业单位内部控制的方法包括但不限于如下形式：不相容岗位相互分离、内部授权审批控制、归口管理、预算控制、财产保护控制、会计控制、单据控制和信息公开控制。本书将对上述内部控制方法在本章中作详细分析。

二、不相容岗位相互分离

岗位是组织要求个体完成一项或多项责任以及为此赋予个体的权力总和。不相容岗位是指从相互牵制的角度出发，不能由一人兼任的岗位。一般来说，不相容岗位相互分离包括：业务执行岗位与业务审核、审批岗位相分离、审核审批该事项申请与提出事项申请的岗位相分离、内部监督岗位与业务执行和审批岗位相分离等。比如在财务会计业务工作中，授权人和业务执行人分离，业务执行人与业务记录人分离，业务监督人与执行人分离，保管人与记录人分离，其核心目标也就是保证行政事业单位财务会计岗位职能能够形成彼此的牵制和制约。①

（一）不相容岗位分离控制的流程配置设计

要具体实施，就要首先明确科研事业单位的具体岗位与岗位职能。在此基础上，依据内部牵制论原理，即单位内部牵制的方式可采取横向牵制和纵向牵制两种形式。纵向牵制是指某项业务至少也要经过不相隶属的两个或两个以上的岗位和环节，便于上下级互相监督。横向牵制是指一项业务至少要经过彼此独立的两个或多个部门或人员，便于该部门或人员的工作能够接受另一部门或人员的监督和制约。②

部门或岗位责任的授权及分配要结合科研事业单位自身科研专业属性和人员岗位编制等具体情况，以明确具体部门或岗位责任与职权。从流程设计来看，科研事业单位首先要明确各岗位职能与责任，在此基础上制定岗位责任书，并根据工作进展实时更新完善。只有规范岗位职责，才能明确各部门或岗位经办业务时所行使的职权；上级授权部门或负责人必须对受托职权责任人履行授权的职务行为开展有效监督检查，如发现受托职权责任人存在违规行为，必须及时纠正、给予批评；造成严重后果或多次发生违规行为的，必须撤销授权。

（二）实施不相容岗位分离方法的基本要求

1. 不同岗位（部门）互查监督

科研事业单位具体业务活动进展至终结，必须经过两个或两个以上的部门或人员，并保证不同岗位或者不同部门之间进行相互检查与核对。例如，支票签发必须经过支票申领人、支票签发人、支票核对人、支票盖章

---

① 张红．行政事业单位内部控制不相容岗位相互分离的探究[J]．行政事业资产与财务，2016(36)．

② 方周文，张庆龙，聂兴凯．行政事业单位内部控制规范实施指南（修订版）[M]．上海：立信会计出版社，2017：62-63.

人、支票记录人等共同处理。[①]

2. 监管层级分明

按照“顺向监督”原理，从层级划分来看，实施监督检查的岗位人员层级应该高于被检查岗位人员。某些科研事业单位在专职内部控制监管岗位上仅设置了科级负责人，但是其他具体业务部门负责人均为处级及以上，如果处级岗位人员具体经办的事项需要按流程找内控科级负责人签字审批，又发现违规事项时，会出现碍于级别等非对等因素，签字审批陷入为难境地。

3. 内控流程要严格落实

有些科研事业单位内部控制部门岗位流程名义上设置齐全，但实际上仅仅是为应付上级单位检查，如遇上级检查则尽一切可能保证岗位分离控制，而一旦检查结束，就不能严格按照内控制度流程执行。比如：某科研单位财务处负责复核的岗位人员因生三胎休产假半年，在这半年内另一名会计人员既要完成记账又要完成复核工作，还要承担银行对账的职责，此情形下存在非常严重的风险漏洞。

（三）实施不相容岗位分离方法的有效措施：

1. 明确不相容岗位分离的对象

在科研行政事业单位要做到不相容岗位分离，首先应该清楚地认识到不相容岗位分离的对象，也就是针对岗位职责实行不相容岗位分离，针对的并非部门的权责，重点确保部门内部关键财务会计岗位的不相容职责交由不同的岗位人员操作。

2. 强调相互监督制约

在不相容岗位分离中，主要强调的是财务会计中的财务授权批准、财

---

① 方周文，张庆龙，聂兴凯．行政事业单位内部控制规范实施指南（修订版）［M］．上海：立信会计出版社，2017：64.

务会计业务经办、财务会计纪律、财产保管以及稽核检查等有关内容，对这些重点的业务内容实现两两分离、相互制约。

3. 预防违规措施须见实效

不相容岗位相分离控制必须严格执行如下措施：

(1)业务办理、资产保管和会计记录要分离。

(2)不相容岗位必须定期轮岗。

(3)事前决策、事中执行和事后监督要分离。

（四）特定情形应对预案

对于某些小规模科研事业单位而言，囿于部门、岗位、人员数量较少，必须面对不相容岗位无法实现完全分离的特殊情况，就必须寻找相应的替代措施。对某些特殊行业的科研事业单位来说，没有充分实施不相容岗位分离制度，其面临的未分离风险必然较大，但要增加相关岗位人员确实又面临难度大，成本高的现状，那就应该全面考虑不相容职务未分离情况下的具体可行的替代措施。比如：对于内部员工数量较少，管理幅度相对较为狭窄，而且财务会计业务相对较为单一的科研事业单位来说，如果在管理方面不能够通过增加人数来解决，那就应该充分考虑如何通过具体岗位的管理来防范未分离的风险。①

三、内部授权审批控制

（一）内部授权审批控制概述

“授权”在本书语境下就是由科研事业单位层面负责人授予具体业务部门或经办人员做出各项决策和办理业务的适当权限。“审批”也即对科研事业单位各项预算、决议和支出等行为要有与之相对应的管理部门或岗位人

① 张红．行政事业单位内部控制不相容岗位相互分离的探究[J]．行政事业资产与财务，2016(36)．

员进行审核和批准。

内部授权审批控制则是指科研事业单位在明确各部门或岗位经办具体业务或项目的权限范围、审批程序和相关责任，建立“三重一大”事项的会签和集体决策制度。得到授权的相关部门或岗位人员只能在授权范围内行使职权、办理业务。

（二）内部授权审批控制常见问题

1. 紧急事项审批流程设计缺陷

任何单位遇到突发紧急事项在所难免，比如：单位主要负责领导赴外地参加会议，又遇到重大事项必须该负责领导签字审批，操作层面容易出现先实施后补签审批的情形，通俗来说“先上车后补票”的情况，而在现实工作中也存在有人别有用心地利用这种制度流程缺陷行不法之事，带来风险隐患。

2. 申请和批准未完全做到不相容职责分离

某些单位有授权审批控制制度，但具体操作时未完全做到不相容职责分离，申请和审批都在同一部门或同一岗位，“既当运动员，又当裁判员”，或者是部门“灯下黑”、监管不到位的情况也屡屡发生。

3. 事中和事后监督不到位

授权审批控制作为科研事业单位内部控制重要制度，本应贯穿单位事前申请、事中业务执行和事后监督的整个过程。现实情况是业务人员在事前申请、审核以及批准等环节都能做到严格按照既定审批流程展开，往往对业务执行的事中及事后监督与反馈不及时、不主动、不充分，一旦出现问题，还试图遮遮掩掩，这种情况下，即便事前工作严谨充分，但后续不能及时获取相关信息，也会导致单位层面错过及时有效解决问题的时机。

（三）授权审批制度的完善措施

1. 厘清一般授权和特别授权

因科研事业单位内部部门及层级各有不同，所以其被授权范围也有所不同，要分清一般和特殊授权的范围、权限和责任，对于一般事务性项目可做一般授权，对于“三重一大”事项必须经过特别授权，随之增加财会、法律、审计等专业人士，使其参与审核管理，以降低因负责人员专业受限而带来的风险。

2. 确定领导审批事项、部门职责

科研事业单位必须明确授权审批的事项。涉及“三重一大”事项授权金额的限度，权力和责任的范围的，参照全面性和重要性原则要求，根据领导职责分工级别等综合考虑。

科研事业单位还要定期梳理内部机构业务性质分类，明确各机构的权责分配，落实授权审批控制责任制，避免由于各部门权责混乱而造成的相互推诿，责任不明。

3. 健全授权审批控制的信息传递机制

健全的信息传递机制，保证信息传递的通畅、及时以及正确，确保管理层能及时掌握经营管理的重要信息并进行应对，避免决策失误以及政策落实的延误。①

四、归口管理

（一）归口管理概述

归口管理就是指科研事业单位各部门落实内部控制责任时按照单位层

① 党向瑜．授权审批控制存在的问题及建议[J]．经贸实践，2017(8)．

面授权赋予的权力义务，严格责任承担，各司其职，实施管理①。单位各部门职能不同，内部控制既要考虑全面性，也需要专业化管理，以凸显其科学性和合理性。比如：科研项目配套的计算机信息系统开发使用的技术性审核，就必须由与之相关的信息技术部门审核负责，而不能由财务内控等部门来实施审核。

（二）归口管理的完善措施

1. 明确各归口部门职权和责任

各部门必须在明确授权范围内进行内控审批工作，既不能错位，也不能越位，更不能缺位。不能滥用职权，在行使审批等权力的同时，要明确部门或岗位自身相对应的责任和义务，推广责任终身制和责任风险倒查制度。

2. 构建高层级审批协调机构

单位内部各部门职能不同，其所行使的权力不同，影响也不同。现实中存在各部门之间利益有冲突，导致单位内部控制审批时各自主张互不配合的情况。在单位层面可以由主管领导牵头成立内控工作协调小组，该小组由各部门负责人组成，定期或者专项开展小组协商会议，对于特定审批事项便于形成最终一致意见，更好地将归口管理落实到位。

五、预算控制

（一）预算控制概述

预算在科研事业单位内部控制工作中起到了至关重要的作用，预算可以使科研事业单位的经济活动量化，贯穿于科研事业单位业务活动的事前、事中、事后全过程，预算可以通过前期计划、资源配置，协调部门合

---

① 蒋凯渊．对落实归口管理的思考[J]．中国机构改革与管理，2021(11)．

作，起到激励各预算责任部门达成预算指标的突出作用，是科研事业单位的重要管理措施。

（二）预算控制完善措施

1. 完善预算控制流程

首先，科学合理编制预算，切实做到根据实际出发，根据科研事业单位的专业属性特点，科学合理分配预算资金。针对不同项目实施不同的预算编制方法，调配采用滚动预算法、零基预算法等，从而保障预算流程有序实施。其次，确保预算执行效力，严格执行预算，保障预算执行进度，对“三重一大”事项预算等做到“专款专用”，不得随意挪作他用。最后，预算下达后不得随意更改和调整，以提升预算的权威性和体现强制力，确保预算流程按预期运行。

2. 优化预算控制环境

首先，要增强科研事业单位内部整体的预算控制意识，既要抓住领导干部这个关键少数，又要在业务层面加大预算控制理念的宣贯力度。其次，要完善组织机构，如果绝大多数的科研事业单位都能够设立专门独立的预算决策机构、预算执行机构、预算监督机构，那么全面预算内部控制就能得到有效实施。最后，搭建高效便利的单位内部预算信息系统。紧密联系单位实际情况，充分发挥信息技术手段在信息沟通中的作用，发挥科研事业单位的知识资源和人才储备优势，结合事前计划、事中控制、事后考核等预算控制关键节点，构建应用便捷、传递顺畅的信息系统平台。[①]

---

① 阿丽米热·伊布拉音．公立高校预算控制存在的问题及其优化［J］．山东纺织经济，2021（12）．

六、资产保护控制

（一）资产保护概述

科研事业单位往往肩负国家委托行使国有资产保护的职责，确保资产安全有效是科研事业单位内部控制的重要目标之一。比如：本书作者的单位中国历史研究院下属的院所馆等机构管理的珍贵古籍文献等属于国宝级资产，其价值不可估量，做好相关资产的保护是责任所在，也是内部控制的重要任务。

（二）资产保护的完善措施

1. 严格依法合规保护资产

科研事业单位必须严格遵守国家法律法规，制定本单位内部资产保护制度，单位各部门加以严格执行。建立资产日常管理和定期清查机制，采取资产记录、实物保护、定期盘点、账实核对等措施，确保资产安全完整。从资产价值与资产实物两方面加强管理。[①]

2. 多部门联动确保资产安全监管

要明确国有资产神圣不可侵犯的立法原则，明确国有资产的出资者、管理者、监管者的权力与责任。建立涵盖各治理主体及审计、纪检监察、巡视、法律、财务等部门的监督工作体系，强化对各部门和各板块的专业监督。[②]

七、会计控制

（一）会计控制概述

科研事业单位会计控制就是利用单位财务部门会计业务中的监督控制

---

① 方周文，张庆龙，聂兴凯．行政事业单位内部控制规范实施指南（修订版）[M]．上海：立信会计出版社．2017：67.

② 张春光．浅析文化馆国有资产的有效保护方法[J]．中国集体经济，2019(23).

职能来实现内部控制的体现形式。一般而言，财务部门的会计主要以会计凭证控制、会计账簿控制、会计复核控制、财务报告控制等四个方面来实现。

（二）会计控制的完善措施

1. 筑牢内部会计基础

科研单位要强化内部会计控制意识，制定出适合自身管理工作及业务特点的内部会计控制规定和制度要求，充实单位内部会计控制组织，设立专人专岗规范化实施。

2. 明确会计控制职能

科研事业单位需要准确把握内部会计控制职能并落实到位。一方面做好资金和投资管理、成本费用管理等方面的工作，确保单位资金充足、调配使用顺畅；另一方面还要做好固定资产管理工作，明确单位组织固定资产购入、使用、维修、报废等的标准流程、上报条件，确保固定资产管理工作的有序进行，确保单位组织内部采购工作、固定资产使用、设备维修护理、资产过渡转移、损毁报废等工作规范，防止违法违规和舞弊行为的发生。①

3. 强化会计成本核算

首先，在健全完善预算管理体制的基础上，确保单位全面预算管理有效执行。在前期预算编制过程中，结合单位实际需要，设立专人专岗全面分析，争取做到科学预测并能采取分析目标预算，成本费用支出预算要细化，就预算执行过程和实际效果及时进行评价分析，评估科研项目实施的阶段性成果。其次，结合单位实际，采用最优成本核算方式，严格依照新政府会计制度、事业单位成本会计核算指引等的要求，规范做好会计成本

---

① 郑志坚．行政事业单位内部会计控制思考[J]．行政事业资产与财务，2021(19)．

核算工作。最后，梳理单位各部门会计成本核算的对象，核算并监督单位各部门资产、设备、项目进展及人力资源消耗等情况，对单位总成本、业务层面成本实时掌控，形成成本管控方案。

八、单据控制

（一）单据控制概述

单据控制就是指科研事业单位在根据国家有关规定开展单位相关经济活动业务过程中，所涉及的各种表单和票据，单位要求相关人员进行填写、审核、保管、归档等管控流程。主要包括报销单据控制、外单位单据控制、财产盘点单据控制和重要空白凭证与预留银行印鉴控制四个方面工作。

（二）单据控制完善措施

1. 票据附件须提供完备

对报销单据而言，除了报销发票等单据，还要以采购合同、项目申请论证表、“三重一大”审批会签单等作为附件提交审核部门，仅有单一票据，且无法证明其正式来源的，一律不予审核通过。

2. 票据格式须规范

票据必须填列的名称、规格、型号、单价、金额等必须规范，印章、签字、日期、具体项目内容或备注等要明确。所有单据金额必须有大小写两种格式。

3. 票据存档须备份

随着信息化进程日新月异，除了纸质票据等传统票据，电子发票、平台数据链接等新型票据形态也日益增多。在日常管控中，为票据安全件存档考量，除了对纸质票据定期归档，也需要及时扫描做备份存档，新形态电子票据也要定期上传到指定数据库，确保线上线下票据齐整，安全存档，以备事后监督检查。

九、信息公开控制

（一）信息公开控制概述

信息公开控制是指科研事业单位对其特定经济活动信息，在单位一定范围内，按照既定的方法和程序进行公开，从而加强内部监督，促进部门间沟通协调，督促相关部门自觉提升工作效率。

（二）信息公开控制的完善措施

1. 建立信息公开制度

科研事业单位应当根据国家相关规定并结合自身实际情况，建立健全信息公开制度。在制度中明确信息内部公开的内容、范围、方式和程序。建立信息公开责任机制，规范和细化信息公开内容，拓宽信息公开渠道。

2. 开发内部信息公开平台

科研事业单位还可以利用内部网站搭建信息公开平台、对信息公开流程、内容、形式等方面进行规范和完善，创新信息公开方式，一定范围内扩大信息公开覆盖面。以信息化为平台，及时搜集各方的反馈意见，灵活建立线上线下互动机制。

3. 融合业务需求主动公开信息

科研事业单位还要进一步提高信息公开的主动性、自觉性和规范性，使信息公开工作做到主体明确、程序规范、方式灵活、反馈顺畅、回应及时。①

---

① 张庆龙，王洁．新编公立医院内部控制管理操作实务指南［M］．北京：中国财政经济出版社，2021.

第四章
科研事业单位层面内部控制建设

2011 年 11 月财政部发布了《行政事业单位内部控制规范(试行)》，从风险评估和控制、单位层面内部控制、业务层面内部控制、评价与监督等方面对建立和实施行政事业单位内部控制，进行了全面、系统的规定。2015—2017 年陆续发布了《关于全面推进行政事业单位内部控制建设的指导意见》《关于开展行政事业单位内部控制基础性评价工作的通知》《行政事业单位内部控制报告管理制度(试行)》，对内部控制提出了越来越明确的管理要求，对于科研事业单位而言也不例外。单位整个内部控制体系是由单位层面内部控制和业务层面内部控制两者共同构成，两者关系如图 4-1 所示。

图 4-1　单位层面内部控制和业务层面内部控制关系

单位层面内部控制对业务层面内控起到基础作用，业务层面内部控制有效运行则会反作用于单位层面内部控制的落实，两者相互作用，相辅相成。

一、内部控制组织架构建设

（一）概述

科研事业单位的组织架构是指明确单位内部各层级机构设置、职责权限、人员编制、工作程序和相关要求的制度安排。

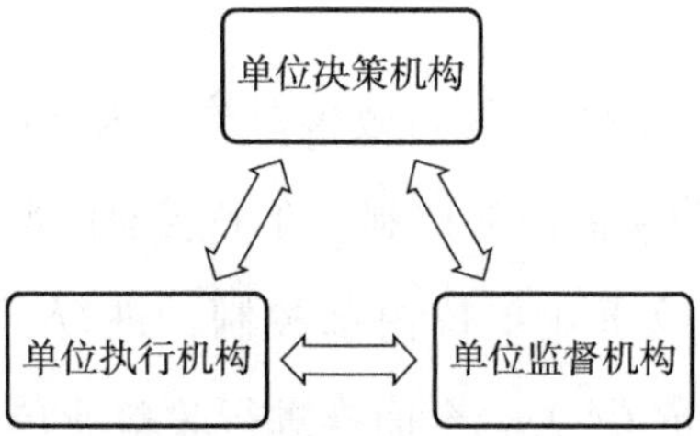

图 4-2　组织架构

图 4-2 为科研事业单位的单位决策机构、单位执行机构、单位监督机构的设置以及这三者之间的权责分配关系。一般来说，决策机构是单位的权力中心，设计是否合理直接决定内部控制的运行效果；执行机构是决策的具体承办部门，设计是否合理直接影响内部控制的执行情况；监督机构是约束决策机构和执行机构的关键，是单位内部控制得以有效实施的重要监督机构。[①] 科研事业单位组织架构内部控制体系如图 4-3 所示。

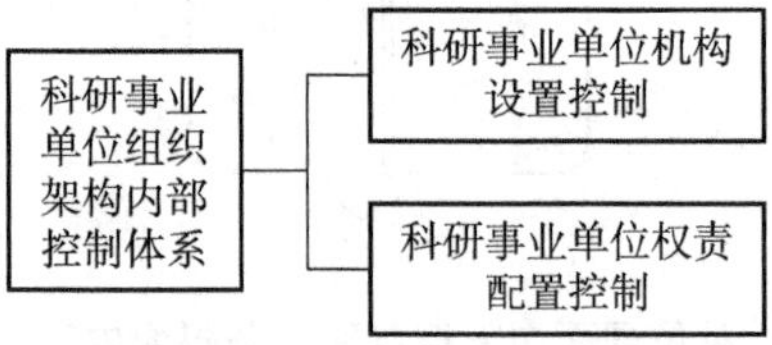

图 4-3　科研事业单位组织架构内部控制体系

---

① 张庆龙．新编行政事业单位内部控制建设原理与操作实务［M］．北京：电子工业出版社，2017：79-80.

（二）组织架构控制建设实施内容

要加强科研事业单位内部控制组织架构控制建设，首先，优化内部控制环境，构建合理的组织架构。其次，落实“三定”方案。同时要设立内部控制工作牵头机构，组织协调各职能部门开展内部控制建设。最后，落实核查和完善单位内控制度，充分发挥纪检监察、内部审计等部门作用，发现问题后及时提出改进意见。具体内容如图 4-4 所示。

组织架构控制建设实施内容			
以决策、执行、监督三项职权分离为原则对组织架构的设置和职责权限进行划分	完善“三定”（定职能、定机构、定编制）工作，设置部门和岗位	由财务部或综合管理部作为牵头部门，组织协调各职能部门开展内部控制建设	由财务部或综合管理部定期或按项目进度节点对内控执行进行审核监督评价

图 4-4　科研事业单位内部控制组织架构控制建设实施内容

二、工作机制内部控制建设

（一）工作机制控制概述

为达到权力制衡之目标，科研事业单位应当结合单位实际情况建立内部控制工作机制。从单位整体层面看，科研事业单位应构建内控“三权分立”、风险评估、议事决策、议事决策问责、相关部门沟通协调等工作机制。

（二）工作机制控制建设

1. 内控“三权分立”机制

科研事业单位内控制度必须严格依法合规，同时兼顾内外部环境，架构形成部门间的制衡机制，处理好组织架构中决策权、执行权和监督权的分配，形成“三权分立、相互制衡”的机制。

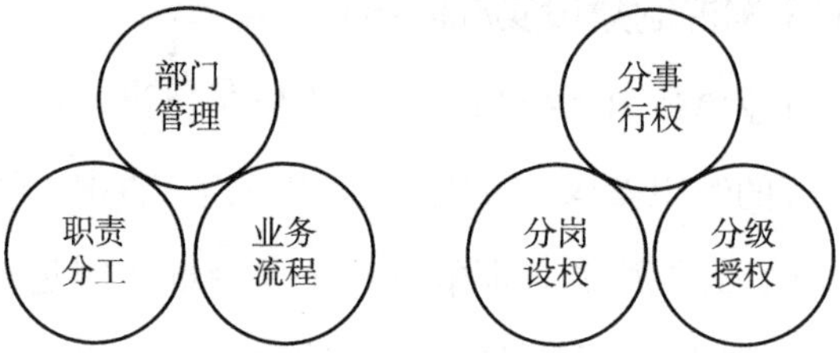

图 4-5 内部控制“三权分立、互相制衡”机制

如图 4-5 所示，内部控制“三权分立、互相制衡”指的是既要在部门管理、职责分工、业务流程等方面形成相互制约、相互监督的机制，又要依据分事行权、分岗设权、分级授权的原则，建立权责一致、有效制衡的组织架构体系，使决策、执行、监督既相互协调又相互制约。

2. 风险评估机制

风险评估是分析影响单位控制目标实现的因素的过程，是风险管理的基础。在风险评估时，既要识别和分析对实现控制目标具有阻碍作用的风险，也要发现对实现目标具有积极影响的机遇。单位风险评估所涉及的主要工作是风险识别、风险评估与风险应对。

3. 议事决策机制

科研事业单位议事决策通常由单位领导班子集体决定，单位领导班子成员由行政、党委和纪检等主要领导组成。影响单位内部控制效果的关键环节如图 4-6 所示。

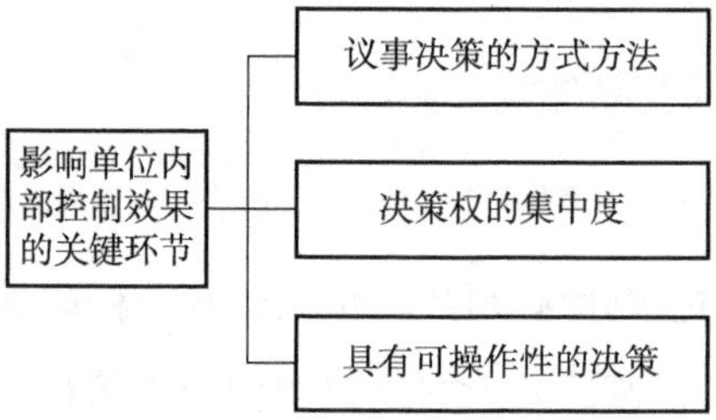

图 4-6 影响单位内部控制效果的关键环节

如果科研事业单位主要领导的个人权威很高，在班子会等小范围决策中容易造成“一言堂”，所以单位应当建立健全集体研究、专家论证和技术咨询相结合的议事决策机制。重大经济事项的内部决策，应当由单位领导班子集体研究决定，以提高决策的科学性、降低决策风险。详见表 4-1。

表 4-1　议事决策内部控制建设内容

议事决策的权责划分	限制党政一把手的个人权力，健全“副职分管、正职监管、集体领导、民主决策”的权力运行机制
	议事决策过程中应当让单位领导班子成员都能够充分行使职权，通过组织单位党委会、领导班子会议、办公联席会、专项讨论会等形式的决策会议，决定单位重大经济活动事项
议事决策的事项范围和审批权限	“三重一大”业务（重大决策、重大事项、重要人士任免及大额资金支付业务）
	是否属于“三重一大”业务，单位要根据有关规定和实际情况确定，明确单位议事决策的事项范围，一经确定，不得随意变更
议事决策的问责机制	详尽记录整个议事过程的参与人员与相关意见，在认真做好记录的基础之上，要向每位成员核实记录并签字，且及时归档
	决策后也要实行对效率和效果的跟踪，要建立相关的问责追责机制，让决策效果与相关人员的升迁降免和经济奖惩相挂钩，促进决策严格落实与执行

三、关键岗位人员内部控制建设

（一）概述

关键岗位人员是指在科研事业单位中承担关键岗位的工作人员，涵盖了内部控制关键岗位的关键人员，如图 4-7 所示。

其中，关键岗位人才引进是指根据关键岗位人员的任职条件、工作要求等，通过公开招聘、竞争上岗等多种形式选聘关键岗位优秀人才。关键岗位人员培训是指建立关键岗位人员的长效培训机制，促进关键岗位员工的知识、技能等持续更新，不断提升员工的服务效能。关键岗位人员奖励是指通过建立关键岗位人员的奖励机制，通过设置科学的业绩考核指标体系，对关键岗位人才进行严格考核与评价，以此作为确定员工薪酬、职级

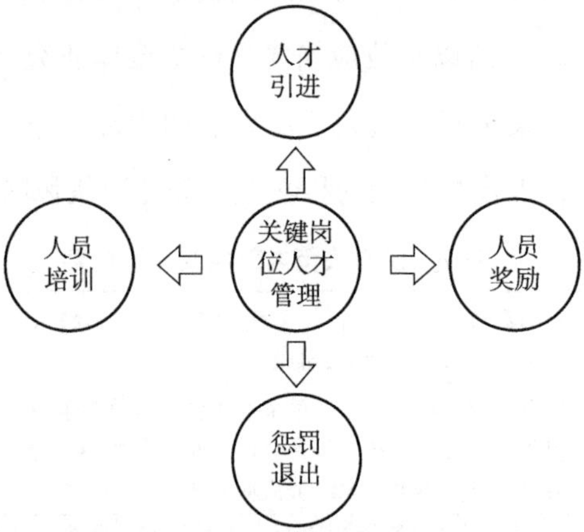

图 4-7　关键岗位人员管理四个主要方面

等的重要依据，确保关键岗位人才队伍处于持续优化状态。关键岗位人员惩罚和退出是指建立健全关键岗位的惩罚约束及退出(辞职、解除劳动合同、退休等)机制，对不能满足要求的人员，不能让其承担关键岗位工作职责。[①]

（二）关键岗位内部控制建设实施

关键岗位内部控制建设既要做到严格控制关键岗位风险点，又要完善关键岗位内控机制。

如图 4-8 所示，一方面，控制关键岗位人员引进，注意人员选聘不当风险；落实关键岗位人员培训，做好入职教育；落实关键岗位人员奖励控制，完善考核制度；对于给单位造成经济、名誉损失的，要落实惩罚和退出制度。另一方面，完善关键岗位内控机制，关键岗位人员招录要体现“三公”原则，择优录取既能满足科研事业单位发展战略需要，又具备专业化技能，能够脚踏实地干工作的人员，避免庸人、懒人在关键岗位上任职。强化关键岗

① 张庆龙，王洁．新编公立医院内部控制管理操作实务指南[M]．北京：中国财政经济出版社，2021：86.

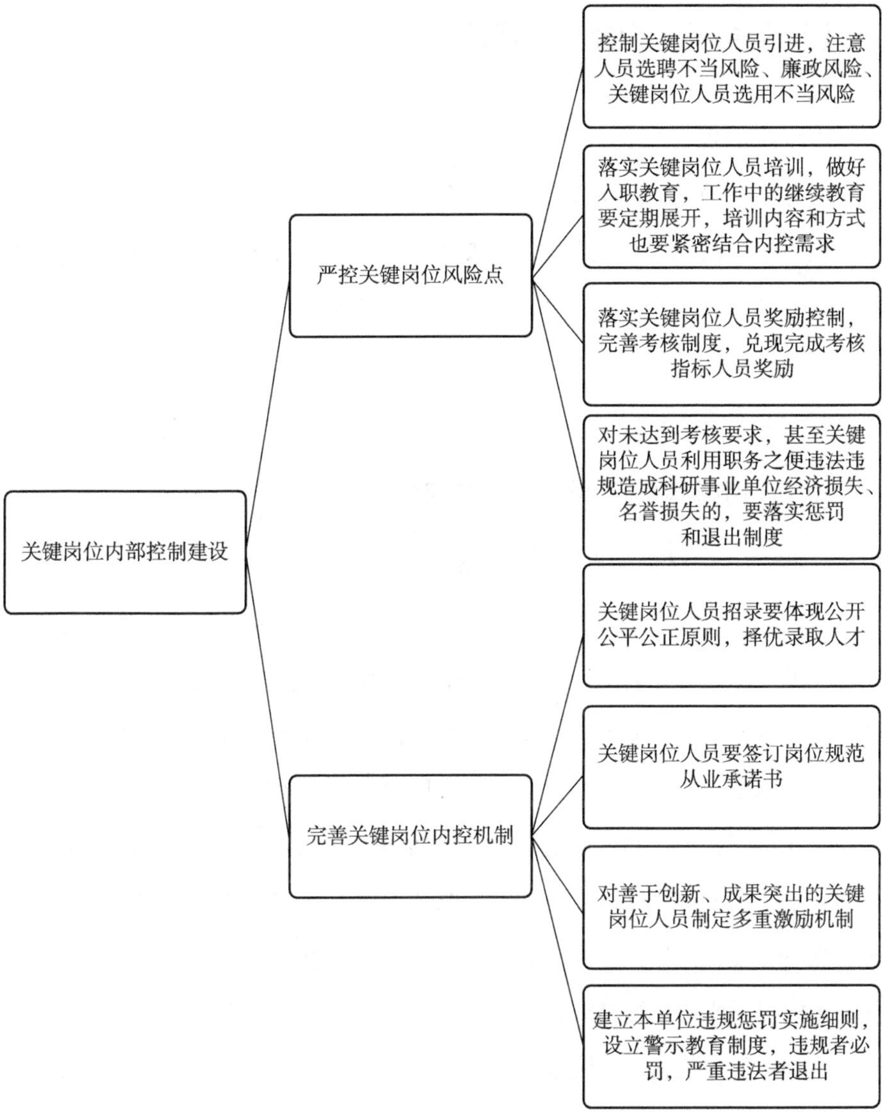

图 4-8　关键岗位内部控制建设框架

位人员教育培训，关键岗位人员既要在学中干，又要在干中学，积极总结经验，提升业务技能和岗位素养道德。设立警示教育和惩罚退出机制，奖励、激励要与时俱进，从而全面有效构建关键岗位人员内部控制制度。

四、财务体系内部控制建设

（一）概述

财务体系内部控制建设在科研事业单位内部控制建设中居于重中之重、绝对核心的地位。通常来说，财务部门是单位内控建设的牵头组织部门，一般都常设内控岗位；财务部门“以预算为主线”“以资金为核心”，在经济活动中是内部控制的客体范围，所以说财务会计系统是内部控制建设的“压舱石”和“顶梁柱”。

（二）财务体系内部控制建设实施

1. 坚决控制财务体系内控风险点

当前，科研事业单位要注意控制如下财务体系内控风险点：①财务部门人员不足。比如会计和出纳都只有一个，有的是劳务派遣人员，无法切实做到爱岗敬业，无法实现内控工作专人专岗，财务事故风险隐患较大。②人员综合素质不高。科研事业单位通过校园招聘、社会招聘引进的高级人才一般都安排在科研业务岗位，财务部门人员在学历、职称、专业性方面都偏低，有的甚至是为了解决高级人才家属配偶的工作而安排进了财务部门，实际上难以有效完成内控任务目标。③财务信息质量较差。比如：经办人填写会计凭证不能提供原始单据，财务报表不真实，工作交接不规范，部门之间没有沟通机制，财务信息化系统水平较低。

2. 完善财务体系内控机制

(1)规范财务会计行为

财务会计工作是科研事业单位财务工作的基础，也是财务内控工作的前提。第一，完善财务收支工作结构，明确财务会计处理业务进行审批的工作人员及其职责权限、工作范围和工作程序；第二，以精细化管理为原则，严格规范财务业务的实际处理流程；第三，实施稽核制度，全面监察会计行为，避免违法违规行为。

(2)建立财务内控体系

完善的组织作为财务内控制度建立和实施的基本保障，以财务业务流程和财务管理制度开展情况为基础，建立财务内控机构，不同机构和体系之间互相监督、互相制约，提升财务工作人员的管理效率和实际工作质量。采取多种措施，提升财务人员的内控工作积极性，明确各个部门之间的义务和关系。制定相应的奖罚机制，保证企业财务的内控责任机制能够得到全面有效的落实。对于违反内控财务机制的行为和当事人，要及时按照规定进行处罚。

(3)加大财务监督力度

第一，强化内部监督，全面做好内部审计工作。要重视内控监督工作，全面提升内控监察部门的地位，保证内控监察工作的权威性和独立性。内部的审计人员需要加大对财务收支以及经济责任等方面的审计力度，并且对财务内控机制做到科学的认知和评价。第二，发挥外部国家行政机关监督作用。国家监察机关、审计机关、财政机关、税务机关等政府职能部门要对科研事业单位发生的违法违规行为，及时制止并严厉处罚当事人。外部监督和内部监察相结合，发挥各类社会舆论的监督作用，保障科研事业单位运行合规。

(4)强化风险控制意识

加大依法合规教育宣传力度，增强科研事业单位员工的法律意识，强化诚信合规理念。牢牢抓住领导干部这个“关键少数”。从单位人员思想意识深处培育依法办事、依法决策以及依法监督的合规工作理念，增强风险意识和风险管理意识，提前制定预案，及时有效应对风险。

(5)构建激励与考核机制

科研事业单位需要定期对内部运营和管理情况进行全面考核，判断内部控制机制能否持续地贯彻下去。要对内控机制存在的问题进行分析，并提前准备解决方案。对于认真贯彻执行内部控制机制的部门和工作人员，要给予一定的物质奖励或精神奖励，将激励机制和内控考核相结合，做到奖罚分明。

(6)搭建信息交流渠道

在搭建信息渠道的过程当中，需要明确不同类型信息的收集、处理以及传递方式，保证信息交流和处理的有效性，从而保证企业内部控制机制安全、有效地运行。大部分情况下，信息管理①都是利用信息数据导入前以及处理输出之后的总量对比、逻辑查证以及结构分析等方式，及时高效地验证信息的时效性和准确性。科研事业单位在日常经营中，需要对信息数据进行收集、筛选、处理和核对，从而有效提高信息的实际使用率。

五、内部控制信息系统建设

（一）概述

当今世界信息技术日新月异，给人类工作生活带来了极大的变革与挑战。目前大多数科研事业单位内控信息化建设工作还处于起步阶段。

财政部2012年发布了《行政事业单位内部控制规范(试行)》，2015年发布了《关于全面推进行政事业单位内部控制建设的指导意见》，2016年发布了《关于开展行政事业单位内部控制基础性评价工作的通知》，2017年发布了《关于印发〈行政事业单位内部控制报告管理制度(试行)〉的通知》。

上述系列内部控制制度规范的发布为科研事业单位内控体系的建设及信息化建设提供了指导意见。单位内部控制建设与现代信息技术紧密结合，形成信息化、系统化的内部控制实现平台，并持续迭代优化，进一步

---

① 王风娟．发挥财务内控机制防范运营风险分析[J]．纳税，2021(34)．

保证科研事业单位经营活动的合法性，保护国有资产的安全。①

（二）信息系统内部控制建设思路及目标

科研事业单位通过构建信息平台，统一各部门信息系统访问路径，实现部门之间的兼容性、协同性，提高各部门之间信息联通调用，实现信息共享，并优化工作流程，提升工作效率。

（三）信息系统建设实施方案

科研事业单位可以分为核算前、核算中、核算后三个阶段进行内部控制信息系统构建设计。具体实施方案见表4-2。

表4-2　内部控制信息系统实施方案

核算前前置系统建设	预算管理系统	一要体现支出标准化，在预算申报系统完成项目申报支出标准数据库的设置工作	项目申报人员从数据库中选择需要支出的内容，系统自动提供相应的支出标准，强化项目申报阶段支出额度的科学性、合理性，杜绝随意估算支出的情况
		二要体现审核专业化，建立项目审核专家库	对提交审核的项目随机选择该业务类的专家进行项目审核工作，确保项目提交的质量。对于不合格项目及时淘汰并遴选出优质项目
		三要体现控制自动化，审核通过的项目录入项目库，并申报当年年度预算	在预算通过“二上二下”批复后，系统自动按照批复数接入财务信息系统的预算控制模块，并细化控制到支出明细，联合报销系统数据即时反馈执行情况，确保预算执行的严肃性和及时性
	资产管理系统	建立科研事业单位自身的资产管理系统	实现与财政的资产管理系统互通信息，并在资产管理系统中增加存货管理模块，实现存货资产的实时变动管理。此外，将资产管理系统与财务记账模块接驳，记账时能够直接调用资产信息、折旧信息、存货出入库信息，确保财务数据与资产管理数据的一致性

① 朱靖华．事业单位基于信息系统的内部控制建设优化研究[J]．会计师，2020(7)．

续表

核算中财务信息系统建设	财务信息系统	完善内置控制标准	将各项控制标准嵌入信息系统中，在使用时由系统自动调出各项预设管控标准，就能够从系统规则上严格按照控制标准执行，规避了人为操作的风险
		完善系统自动化程度	系统自动化、智能化程度进一步提高，系统结账后能够自动生成年度决算和政府财务报告，相关数据信息的需求也得以支撑
		完善项目支出查询	为详细和多种组合查询的数据信息，单位应在征求使用者意见的基础上对系统的查询功能予以完善，尽量满足单位内部对数据信息的查询需求
核算后审查审计输出及系统完善建设	财务信息系统	内部纪检监察部门	查询报表、查询明细账，实时监控每一份报销单据的流程、标准与完成状态，并且可以调用查看相关报销附件资料
		外部审计部门	联查预算情况、联查合同情况、联查资产情况、联查人事信息等
			提出各项整改意见，进一步完善内控措施

由表4-2可知，内部控制信息系统建设主要由“核算前前置系统建设、核算中财务信息系统建设、核算后审查审计输出及系统完善建设”三大方面构成，最终科研事业单位通过内外部监督检查提出的各项整改意见，进一步完善内控措施、信息系统，从而形成一个愈加完整的良性循环体系。①

① 朱靖华．事业单位基于信息系统的内部控制建设优化研究[J]．会计师，2020(7)．

第五章
科研事业单位预算业务内部控制建设

一、科研事业单位预算业务概述

自2017年起，科研事业单位执行政府新会计准则制度，从单纯的收付实现制记账法变为收付实现制和权责发生制并行的双轨制记账法，逐步构建出以预算管理、财务管理为基础的全新会计体系。从实际执行效果来看，目前各科研事业单位存在的问题较多，主要体现在预算执行力不到位，所以预算业务内部控制建设需要作为各单位重要工作任务部署。

预算管理就是科研事业单位的相关管理部门采取科学计划、有效控制、实时监督的手段，进行单位收入测算，同时控制单位支出的专门性活动，预算管理突出体现在预算的编制、调整、执行等各环节。通过预算管理可以提高资金使用率，科学使用科研经费，实现单位各项目标。

二、科研事业单位预算业务控制目标

预算业务控制目标是指科研事业单位对预算管理流程进行监督、控制，使之符合预算管理目标的一种控制形式。通过建立健全预算业务的内部管理制度、合理设置预算业务管理机构(岗位及职责)、加强内部审核审批等控制方法，建立部门间沟通协调机制，对预算管理构架建设、预算编制、预算审批与下达、预算执行、预算分析与反馈、预算调整、预算决算和预算考核等环节实施有效的控制。如图5-1所示。

预算管理构架建设控制目标		
（1）首要任务是制定科研事业单位的预算管理制度，构建流程和审批权限，建章立制，有章可循	（2）完善预算组织队伍建设，成立预算管理委员会、建立预算管理岗位配备相关人员队伍，明确预算业务各个环节的工作流程、岗位职责、审批内容、审批权限、时间要求	（3）建立顺畅的领导、工作和协调机制，各方联动协调保障预算工作顺利展开

预算编制控制目标			
（1）预算目标要契合科研事业单位年度目标和工作计划，做到兼顾科学性、有效性、专业性、可操作性	（2）依法合规编制预算，明确编制流程、要求、内容，力争完整准确编制预算	（3）保质保量科学合理高效开展预算编制，做到数据翔实充分，体现科研事业单位的科学严谨工作态度	（4）真实有效地将科研事业单位内部各部门之间的预算信息进行传达，确保信息不失真

预算审批与下达控制目标				
（1）综合对照进行预算审批。不能简单对照以前年度的预算执行数据，要做到顾全大局联系实际统筹考虑，在切合本单位年度工作计划实际的同时还要考虑长期规划，严谨科学论证预算	（2）明确预算审批责任主体。由业务部门报送预算；财务部（预算管理办公室）审核相关预算报告内容；预算管理委员会根据年度业务计划审核预算报告的科学性、完整性和合理性	（3）预算批复依法合规。严格按照法定程序审批预算，按照制度开展工作，不相容岗位职责分离、相互制约，确保合规性	（4）预算批复执行到位。层层分解单位内部预算指标，确保预算指标落实到位，各业务部门和项目执行预算到位	（5）及时有效下达预算。预算批复后，各业务部门获取信息后开展相关工作

预算执行控制目标			
（1）预算执行主体明确，责任划分清晰。明确预算项目执行的预算归口部门、预算审批的经济管理员和负责人、预算分管院长、审批权限，确保执行审批权责清晰	（2）建立预算执行监控机制，确保预算执行过程可控。通过预算信息化系统，自动控制预算执行额度，实时反馈各项目预算总额、在途资金、剩余预算等信息，归口部门随时把控预算执行进度，通过授权审批，明确决策权责	（3）建立项目资金管控制制度，保障专项执行进度。对财政专项资金设置独立审批系统，随时监控资金执行进度及资金垫付情况，督促项目有效执行	（4）实施考核监督。科研事业单位要形成“大监督”格局，对预算执行情况等开展定期抽查等，对预算执行情况进行年度考核，纳入部门或者项目负责人的考评项目

图 5-1　科研事业单位预算业务控制流程汇总

预算分析与反馈控制目标			
（1）确保预算分析内容的真实、完整、准确、及时，预算分析要客观反映预算执行现状，揭露执行中存在的问题	（2）强化指标对比分析，对当年执行率、同期增长率，对执行偏差较大的项目采用因素分析法细化分析	（3）定期进行预算分析与反馈（月度、季度、年度），结合财务分析、成本分析、绩效分析，共同揭示预算执行中存在的问题	（4）加强预算分析和结果应用，建立健全预算反馈协调机制，使预算分析和反馈有效衔接、相互映衬，提出改进建议，提高预算管控效率

预算调整控制目标		
（1）预算调整理由充分，非政策性或特殊情况预算不予以调整，申请调整预算的项目、金额有据可依、论证充分	（2）预算调整上报材料真实、完整，符合科研事业单位实际现状	（3）合理设置预算调整审批流程，预算调整申请与审批岗位分离，明确审批责任、权限，确保程序执行有效

预算决算控制目标			
（1）综合反映科研事业单位各项资金管理情况、财务状况以及财务管理水平	（2）为下一年度的经济运营工作安排及决策提供真实的数据和有效的参考信息，解决预算中存在的问题	（3）预算批复依法合规。严格按照法定程序审批预算，按照制度开展工作，不相容岗位职责分离、相互制约，确保合规性	（4）为上级主管部门提供决策有用的信息

预算考核控制目标
（1）建立预算考核制度，建立健全预算绩效考核机制。做到预算编制有目标、预算审批有责任、预算下达有理有据、预算执行有监控、预算分析与反馈有映衬、预算调整有合理依据、预算考核公正合理科学 （2）确保预算绩效考核指标覆盖到所有预算业务的关键部位，预算业务能够有效控制，以达到提升预算管理水平的目的

图 5-1　科研事业单位预算业务控制流程汇总（续）

三、科研事业单位预算主要流程和关键环节

如图 5-2 所示，科研事业单位预算业务主要流程和关键环节主要体现在预算编制、预算执行、预算调整、预算考评四个方面。

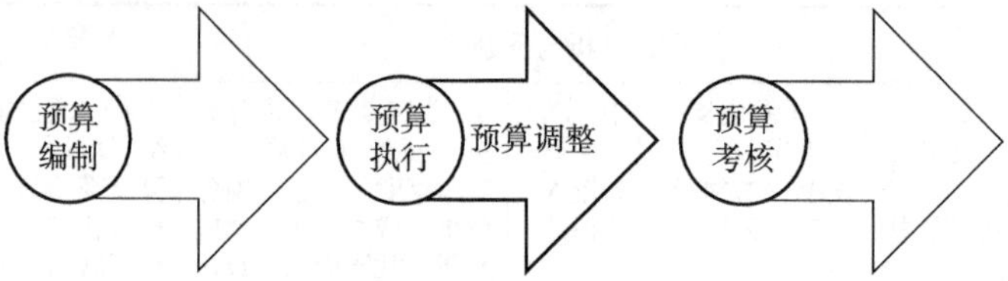

图 5-2 科研事业单位预算业务主要流程和关键环节

四、科研事业单位预算业务主要风险点

科研事业单位预算业务主要风险点，主要体现在“预算编制、预算调整、预算执行、决算编制、预算绩效考评”五个方面。

（一）预算编制风险点

科研事业单位年度经费收支所汇编的预算，采取自下而上的汇总方式，从基层预算单位编起，逐级汇总，所有开支项目落实到具体的预算单位。在预算编制过程中主要存在以下风险点。

1. 业务部门参与度低

实践中，各个单位业务部门直接参与预算编制不多，往往形成思维定式，认为预算编制就是财务部门的工作，如果业务部门对预算编制认识不及时、不充分，必将导致预算编制不合理、不科学，业务部门的实际需求经费与预算资金脱节严重。

2. 单位各部门之间沟通不到位

单位其他职能部门与财务部门针对预算编制缺乏有效沟通，可能导致预算编制与预算执行、预算管理与资产管理、政府采购与基建管理相脱节。

3. 预算编制不科学

预算编制前，对项目调研不足，脱离目标，可能导致资金不足，难以完成任务或造成资金浪费。对预算科学性、合理性、可行性审核不严，流于形式，可能导致预算执行出现困难。

4. 指标分解不合理

预算编制存在人情关系和随意性，财权与事权不匹配。

（二）预算调整风险点

1. 审批不严

审核不严，把关不细；审批重形式、轻实质。预算执行中原则上不予调整，因特殊原因需要调整预算的，应按照规定程序报送审批。

2. 调整不合规

相关领导未及时掌握预算执行相关情况及追加调整政策，存在人情关系和随意性。

（三）预算执行风险点

1. 缺乏有效监控

预算执行管理是财政管理的重要组成部分，预算执行管理水平的高低，直接关系到党和国家重大方针政策的贯彻落实，关系到各项财政政策实施的效果，关系到财政资金的使用效益。预算执行过程中缺乏有效监控，可能导致预算执行不力，预算目标难以实现。

2. 未严格按编制执行

未按规定额度和标准执行预算，资金收支和追加调整预算随意性大，产生无预算列支、超预算列支等情况。

（四）决算编制风险点

1. 信息不对称

财务部门与相关业务部门财务信息不对称，资产等相关数据不准确；

决算相关项目不细致，随意性大。

2. 预算与决算相脱节

预算与决算存在脱节和口径不一问题；单位会计科目与预算收支科目不统一，日常核算不能反映预算执行情况。

3. 不重视决算

不重视决算工作，不认真撰写决算分析报告或对分析报告把关不严。审批重形式轻实质，不重视预算执行结果。

（五）预算绩效考评风险点

1. 自评结果不准确

业务部门自评结果不准确、社会效益难评价、夸大执行效果。

2. 忽视绩效评价结果

预算安排随意性大，忽视绩效评价结果，难以实现绩效评价目标。决算编制和绩效评价不及时、不准确，决算结果没有得到有效运用，没有起到控制效果。

五、科研事业单位预算业务内部控制措施

科研事业单位预算业务内部控制措施主要体现在“预算编制、预算调整、预算执行、决算编制、预算绩效考评”五个方面。

1. 预算编制内部控制措施

业务部门参与度低，导致预算编制不合理、不科学，业务活动与财力支持相脱节的情况，应加强信息公开，对相关人员进行培训。规范预算控制，完善会计控制体系，与国库集中支付系统衔接。规范编制程序，明确审批要求；完善编制方法预算控制，完善会计控制体系，与国库集中支付系统衔接大的项目要经过可行性论证，运用科学方法估计数量，充分询

价。明确职责，建立责任追究机制，坚持集体决策。加强对各部门预算编制人员的培训，培养科学分析现状、准确预测未来的能力。

2. 预算调整内部控制措施

科研事业单位应当严格执行预算，按照收支平衡的原则，合理安排各项资金，不得超预算安排支出。预算执行中原则上不予调整，因特殊原因需要调整预算的，应按照规定程序报送审批。针对领导审核把关不严，追加调整政策，存在人情关系和随意性的情况，应明确业务部门负责人岗位职责，建立责任追究机制；加强审批权限，了解业务实质，应及时了解掌握预算执行相关情况并追加调整政策，完善审批程序，实施财务、纪检监察、法律、分管领导、主要领导多层级多岗位审批。

3. 预算执行内部控制措施

预算执行管理水平的高低关系到各项财政政策实施的效果，关系到财政资金的使用效益。预算内部执行事项应建立健全规范的授权批准和程序。涉及“三重一大”范围预算执行需求，需经决策机构进行集体决策。强调预算执行刚性和柔性相结合的原则，在预算范围内合理、合规列支。

4. 决算编制内部控制措施

科研事业单位对各项收支账目、往来款项、货币资金和财产物资进行全面清理结算，并在此基础上办理年度结账，编报决算。加强财务部门与职能部门的有效沟通，保证数据准确性，加强审查，做到不相容岗位相分离，实施财产保护控制。预算控制应做到完善会计控制体系，并与国库集中支付系统衔接。完善预算控制及绩效考评机制建设，明确职责。明确绩效考评内容，加强财务决算分析结果运用。

5. 预算绩效考评内部控制措施

预算管理与绩效考核是行政事业单位的生产、经营，实现社会效益和经济效益的双赢的强力保障。加强业务培训力度，建立专家评审机制，加强业务部门与财务部门沟通与协调。建立预算执行率、项目实施效果与绩效评价挂钩机制。加强预算控制，严格审批依据，明确职责。及时准确编制决算和绩效评价，通过比率分析、比重分析等方法进行横向和纵向对比，找出差异点并认真分析原因。

第六章

科研事业单位收支管理内部控制建设

一、科研事业单位收支业务概述

财政部制定印发了《行政事业单位内部控制报告管理制度（试行）》和《财政部关于开展2016年度行政事业单位内部控制报告编报工作的通知》。新政府会计制度采用“双体系、双基础、双报告”会计模式，由预算会计和财务会计适度分离并相互衔接而构成，实际操作中由财务会计和预算会计平行记账。财务会计以“权责发生制”为基础，确认、计量、记录政府会计主体的财务状况，最终形成政府财务报告。预算会计以“收付实现制”为基础，确认、计量、记录政府会计主体的预算执行情况，最终形成决算报告。[①]

二、科研事业单位收支业务控制目标

收入业务的控制目标包括五个方面：各项收入符合相关法律法规制度的规定；收入依规、及时、足额收缴；收入归口管理、职责明确；票据、印章保管合理合规；收入核算真实、准确、完整、及时。

支出业务的控制目标包括四个方面：各项支出符合相关法律法规制度的规定；各项支出审核、审批手续完备，符合程序规范；支出符合真实性、合理性、有效性；支出核算准确、完整、可靠、及时。[②]

① 张寅晓，么红如．新政府会计制度实施背景下高校财务收支业务内控策略创新探究——基于J学院[J]．商讯，2021(34)．

② 潘乐．高职院校收支业务内部控制探析[J]．商业会计，2018(19)．

三、科研事业单位收支业务流程与关键环节

（一）收支管理——资金支出事前审批流程

科研事业单位资金支出必须经过事前审批（下面以某研究所为例进行列示）见图 6-1：

1. 流程图

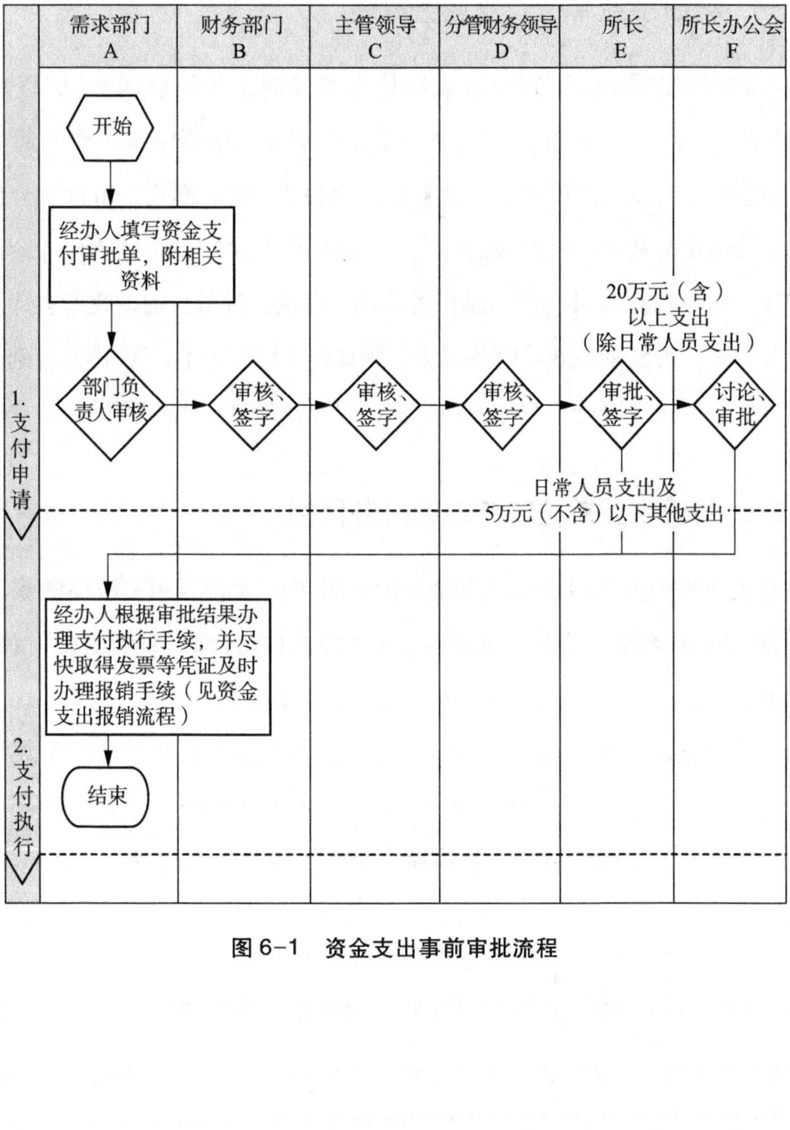

图 6-1 资金支出事前审批流程

2. 流程节点简要说明(见表 6-1)

表 6-1　资金支出事前审批流程关键节点简要说明

节点	流程简要说明
A1	年初预算资金下达后，支付款项前经办人根据工作计划填写资金支付审批单，附合同等相关资料，经本本部门负责人审核签字确认后，报财务人员审核。
B1	财务人员对资金支出是否符合预算及相关财务制度规定，所附合同等资料是否规范、完整进行审核，审核通过签字确认后报主管领导审核。
C1	主管领导对分管业务的支出材料进行审核，审核通过签字确认后报分管财务领导审核。
D1	分管财务领导对支出款项是否符合单位整体财务管理要求进行审核，审核通过签字确认后，报所长审核、审批。
E1	所长对支出事项进行审批，审批通过后，日常性人员支出及 20 万元(不含)以下其他支出交经办处室办理资金支付手续；20 万元(含)以上支出(日常人员支出除外)报所长办公会审议。
F1	所长办公会审议通过，所长签字确认后交经办部门办理资金支付手续。
A2	经办人根据审批通过的资金申请，办理资金支付手续，并尽快办理报销手续

(二)收支管理——资金支出报销流程

1. 流程图(见图 6-2)

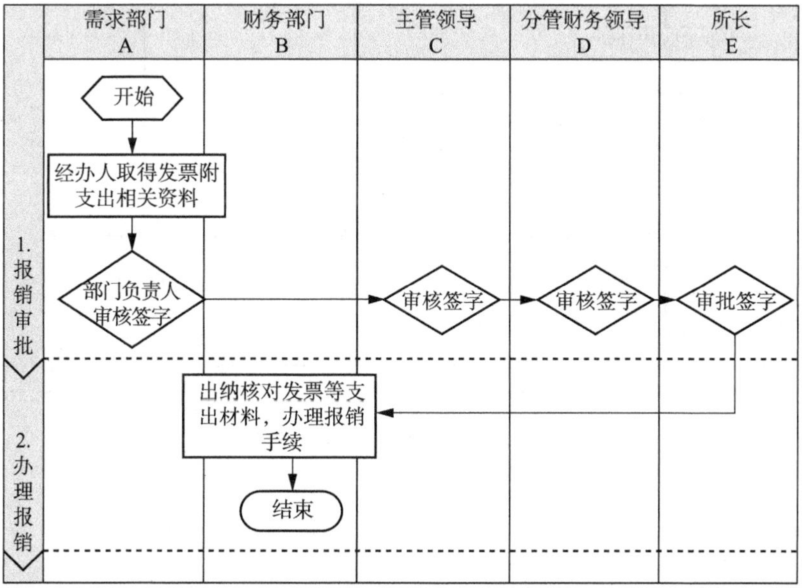

图 6-2　资金支出报销流程

2. 流程节点简要说明(见表 6-2)

表 6-2　资金支出报销流程节点简要说明

节点	流程简要说明
A1	经办人取得发票等支出相关资料，填制报销凭证，并签字确认，经本部门负责人审核签字后，报财务部门审核。
B1	财务部门对支出是否符合预算及相关财务规定、支出资料是否规范完整等进行审核，审核签字后报主管领导。
C1	主管领导对分管业务支出审核签字后报分管财务领导审核。
D1	分管财务领导资金支出进行全面审核签字后，报所长审批。
E1	所长审批签字。
B2	财务对报销凭证进行核对，核对通过后办理报销手续

(三)收支管理——财政拨款收入管理流程

1. 流程图(见图 6-3)

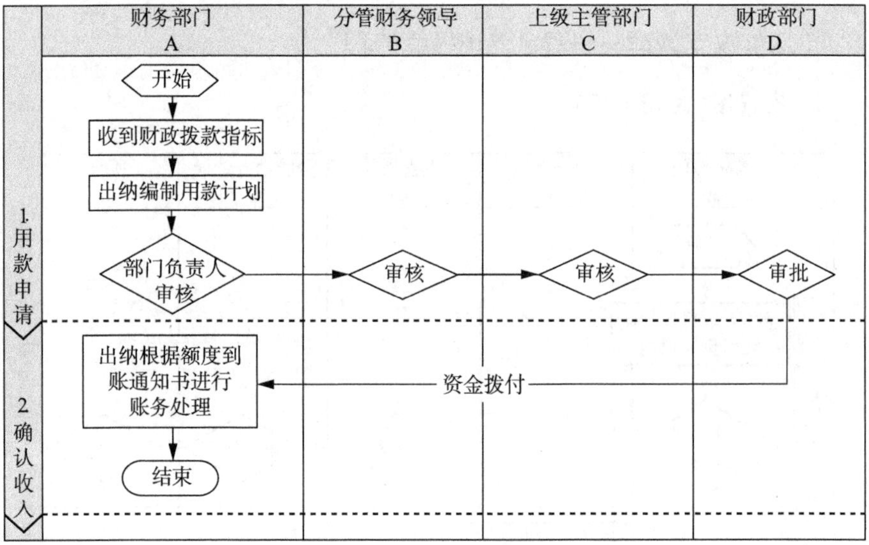

图 6-3　财政拨款收入管理流程

2. 流程节点简要说明(见表 6-3)

表 6-3　财政拨款收入管理流程流程节点简要说明

节点	流程简要说明
A1-1	财务收到财政拨款指标。
A1-2	出纳根据各部门资金使用计划编制用款计划，报部门负责人审核。
A1-3	部门负责人审核用款计划，审核通过后报分管财务领导审批。
B1	分管财务领导审批通过后，报上级主管部门审核。
C1	主管部门审核后报财政部门审批。
D1	财政部门审核用款计划，审核通过后进行资金拨付。
A2	财务部门根据额度到账通知书进行账务处理

(四)收支管理——公务卡管理流程

1. 流程图(见图 6-4)

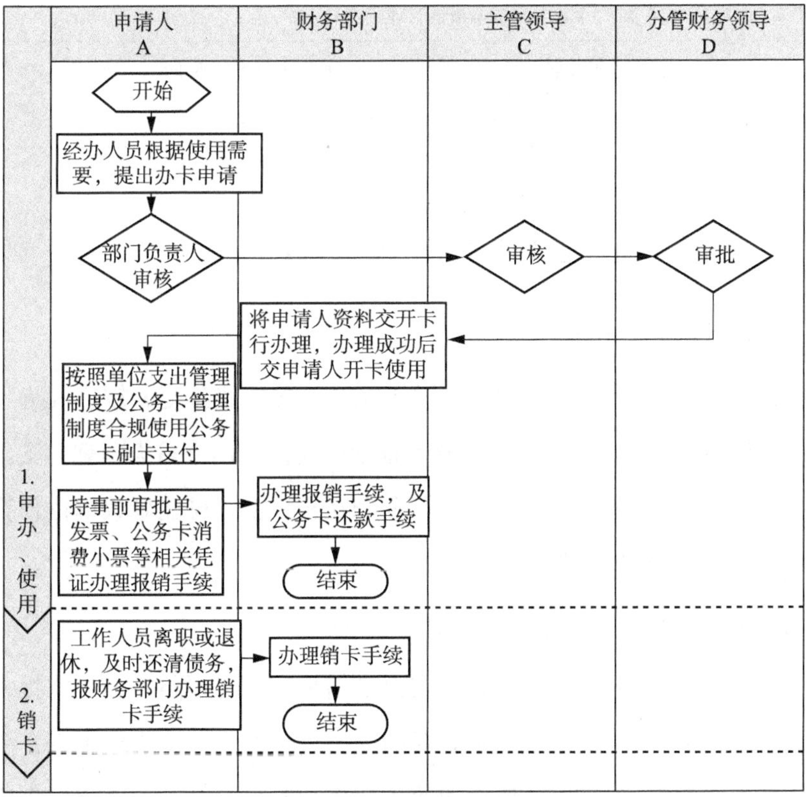

图 6-4　公务卡管理流程

2. 流程节点简要说明(见表6-4)

表6-4 公务卡管理流程节点简要说明

节点	流程简要说明
A1-1 A1-2	申请人根据公务支出需要，填写公务卡开卡申请单，本部门负责人审核通过后报主管领导审核。
C1	申请部门主管领导对申请的合理性、必要性审核通过后，报分管财务领导审批。
D1	分管财务领导进行审批，审批通过后交财务办理开卡手续。
B1-1	财务部门将申请人资料交开卡银行办理。
A1-3	申请人收到公务卡后，开卡。按照单位支出管理制度及公务卡管理制度刷卡支付。
A1-4	刷卡成功后，持卡人持事前审批单、发票、公务卡消费小票等相关凭证在发卡行规定的免息还款期内办理报销手续。因个人报销不及时造成的罚息、滞纳金等相关费用，由持卡人承担。
B1-2	财务办理报销手续(参见资金报销管理流程)。
A2	持卡人离职或退休时，必须及时还清债务，报财务办理销卡手续。
B2	财务人员将销卡人信息及时提交开卡银行办理销卡手续

四、科研事业单位收支业务主要风险点

1. 超预算或无预算支出风险

科研事业单位属于预算单位，单位预算一经正式批复，就应成为本单位经济活动的“方向盘”，不得随意大幅度改变。支出申请无预算，支出范围及开支标准超预算，不同项目预算资金互相挤占，可能导致单位预算失控或预算形同虚设的风险。

2. 支出业务未经事前审批风险

缺乏支出事前申请制度，各项支出申请事前未经严格审核、审批，可能导致支出内容不合理而引起不必要的支出事项发生，或支出不符合单位预算和整体规划，影响财政资金的使用效率和效果。尤其重大支出事前未

经领导班子集体研究决定，更有可能导致错误或舞弊的风险。

3. 支出事项事后审核风险

各类原始凭据的真实性、合法性未经严格审核或票据不符合财务管理要求，可能导致支付不当的风险。单位支出业务不合法不合规，出现虚构支出、“假发票”套取财政资金等舞弊情形，会造成单位财政资金流失，甚至有可能给单位带来法律风险。

4. 核算不准确、财务报告失真风险

会计资料不全，可能导致责任确认不清；往来款项长期挂账，可能导致支出不完整、不真实；各项支出的费用报销计算不准确，会计处理不符合会计准则相关规定，或未按规定编制财务报表并进行信息披露，可能导致单位账实不符，造成财务报告、财务信息不真实或不准确。

5. 违规使用财政资金风险

违反国库集中支付、公务卡结算等国家有关支付政策规定，均可能导致套取财政资金风险。此类行为包括为了提高财政资金使用进度，非财政性支出也使用财政资金支付；违规从财政零余额账户向单位自有资金账户划转资金；超额向单位公务卡转款，公务卡使用不规范或根本不使用公务卡结算。①

五、科研事业单位收支业务内部控制措施

1. 合理编制预算、实施预算控制

抓好预算编制，根据业务部门的工作内容和业务量，编制科学合理的支出预算。针对批复下达的预算，在财务系统做好项目额度控制，财务系统管理员未经授权不得随意调整系统内的项目额度指标。规范校内预算追

① 任春龙．高职院校收支业务内部控制的风险点分析及防控[J]．时代金融，2017(21)．

加调整程序，未经预算管理委员会批准，任何人不得调整预算。

2. 建立健全财务事先审批机制，按制度标准规定执行

建立健全支出业务制度规范，明确经济活动的支出报销流程，办理支出事项的相关规定及支出标准和范围。规范校内财务审批权限，加强支出事前申请控制，明确规定需要履行事前申请的经济事项，在发生相关支出前应当履行支出事前申请程序，经审批通过后再开展相关业务。由财务部门对收入业务进行归口管理，统一进行会计核算，严禁设立账外账。

3. 明确职责权限把好财务审核关

明确支出业务内部审批权限、程序、责任和有关控制措施，审批人应当在授权范围内审批，不得越权审批。加强支出审核控制，对各类单据进行全面审核。重点审核单据审批手续是否齐全，内容是否真实、完整，票据是否真实、合法，是否纳入预算。支出凭证应当附有反映支出明细内容的原始单据，并由经办人员签字或盖章，超出规定标准的支出事项应由经办人员说明原因并附审批依据，确保与经济业务事项相符。财务部门应建立健全票据管理制度和印章管理制度，票据的申领、启用、核销、销毁均应履行规定手续，且所使用的票据要确保具有特有性，严禁使用市场上能随意买到的票据。对于印章，如法人章和财务专用章，应确保由专人分别保管，并明确各自保管职责。

根据上位法如《中央差旅费管理办法》《中央会议费管理办法》等，并结合本单位实际，制定相应的管理办法，严格执行，只有在报销手续齐全的情况下才予以报销。

4. 加强支出的核算和分析控制

加强财务人员业务培训力度，提高财务人员业务素质，进而改善核算水平和财务信息质量。涉及合同的支出业务需业务部门提供合同材料，同时对分次付款合同加以相应控制，防止超额付款。加强支出业务分析控

制，定期编制支出业务及预算执行情况分析报告，为学校领导管理决策提供信息支持。同时，对于支出业务中发现的异常状况，应及时发出预警并采取有效措施加以防控。

5. 加强财政性资金结算支付管理

严格执行财政国库集中支付制度有关规定，在财务系统中对支出科目进行细化分类，明确区分财政支出和非财政支出，对于非财政支出严禁使用零余额资金支付。从零余额账户向自有资金账户转款时，坚持先垫付、后归垫原则，且申请归垫资金与垫付数额保持一致。强化职工公务卡结算意识，杜绝现金支付业务。如在报销差旅费时，费用分别汇入各出差人卡中，避免集中支付给报销经办人一人卡中，同时建立职工上班状态的考勤机制和公务用车使用登记机制，达到预防虚增出差人冒领补贴和重复领取交通补助的情况发生。

第七章
科研事业单位政府采购管理内部控制建设

一、科研事业单位政府采购业务概述

近年来，国家陆续出台相关政策加快推进“放、管、服”改革，各级主管部门、各地方政府也在科研经费使用等方面进行减权放权。然而，随着科研事业的快速发展，各级部门对科研事业的投入不断加大，科研事业单位采购规模不断增长，采购的项目和内容越发多元、专业，采购风险也在增大。为解决“放、管、服”改革背景下科研事业单位采购管理的当务之急，在科研事业单位中推进有效、科学的内部控制，不仅有利于加强教育经费监管，而且对完善科研事业单位内部治理结构具有重要意义。

据不完全统计，截至2021年底，全国共有各级科研事业单位8000多家，从业人员72万人，约占全国事业单位人数的2.5%。科研项目涉及方方面面，这就决定了其采购的需求、种类、规模，以至采购管理要求会有较大的差异。以中国科学院为例，截至2018年底，共有125家事业单位，研究涉及数学、物理、化学与化工、生物学、地学、技术科学等领域，分布在全国23个省、自治区和直辖市，2018年度政府采购预算执行65.1亿元。机构类型、学科种类多，地理位置分布广，导致了采购标的种类繁杂多样。如此大的采购规模，如此复杂的管理要求，只有建设好的内控体系，才能将制度有效落实落地。[1]

---

① 潘成利．如何做好政府采购内部控制管理[J]．中国政府采购，2020(9)．

目前科研事业单位政府采购中主要存在的问题及缺点分析可见表 7-1 所示。

表 7-1　科研事业单位政府采购中主要存在的问题及缺点分析

存在问题	缺点分析
采购方式类型单一	公开招标方式，不论科研项目资金规模大小，只要涉及政府采购，一律进行公开招标，实际上，这样会使科研事业单位采购周期不断拉长，影响采购效率。某些科研设备和参考文献资料，仅在特定渠道才能保障供应，其市场竞争不充分，经常容易发生竞标商家流标现象
预算制度亟待完善	许多单位的预算制度非常欠缺，最主要的表现就是在预算执行后才发现与实际需求不符，预算进行调整就会使得采购资金出现变化，若此时申请采购预算资金追加，势必将对已经展开的采购工作产生影响，最终结果就是该科研单位预算管理混乱
单位内控意识不强	科研事业单位不重视政府采购的内部控制，错误地将一般的采购活动等同于政府采购，或者是认为只需要遵循国家规定便可，完全忽视建立并完善内部控制制度，从而使得内部控制执行效用难以发挥，导致很多科研事业单位的政府采购存在较多风险
监督体系尚需构建	许多科研事业单位的监督机制亟待构建，有些单位虽有相应管理制度但是仍存在较多漏洞。主要表现为未专门设立政府采购监督小组，未建立有效的内控协调管理机制，往往会出现综合管理、财务、审计、监督等相关部门的职权，被某一个部门独揽的现象

二、科研事业单位政府采购业务控制目标

（一）概述

为解决采购业务中存在的采购流程不完善、采购计划与实际采购标的不相符，资金风险较大等内部控制问题，科研事业单位需要制定采购业务控制目标。采购业务控制目标包括总体目标和具体日标。

采购业务控制总体目标就是科研事业单位从总体目标对政府采购全流程的风险点进行全覆盖控制，加强日常采购活动中的严查风险点工作。具体目标要在如下 8 个方面实施：不相容岗位分离控制、预算编制、预算指标使用、预算支付方式、计划申报、采购计划信息、供应商选择与审核、

政府采购合同。

（二）政府采购业务控制目标实施

1. 政府采购业务控制总体目标及总体实施方案

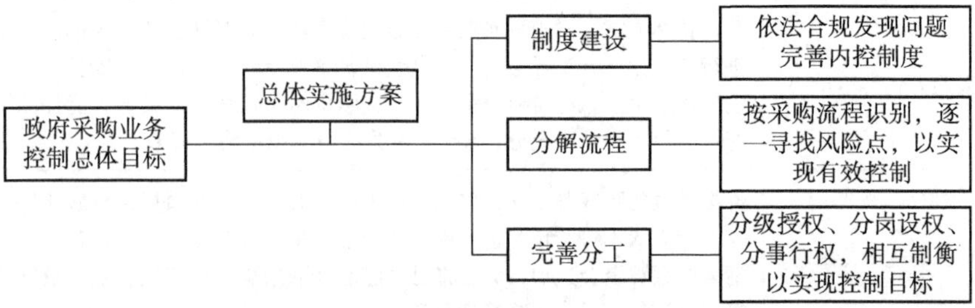

图 7-1　基于总体目标的全覆盖控制

如图 7-1 所示，总体目标就是科研事业单位对政府采购全流程的风险点进行全覆盖控制，加强日常采购活动中的严查风险点工作。总体实施方案包括制度建设、分解流程，完善分工三个方面。

2. 政府采购业务控制具体目标及实施方案

(1)不相容岗位分离控制，如图 7-2。

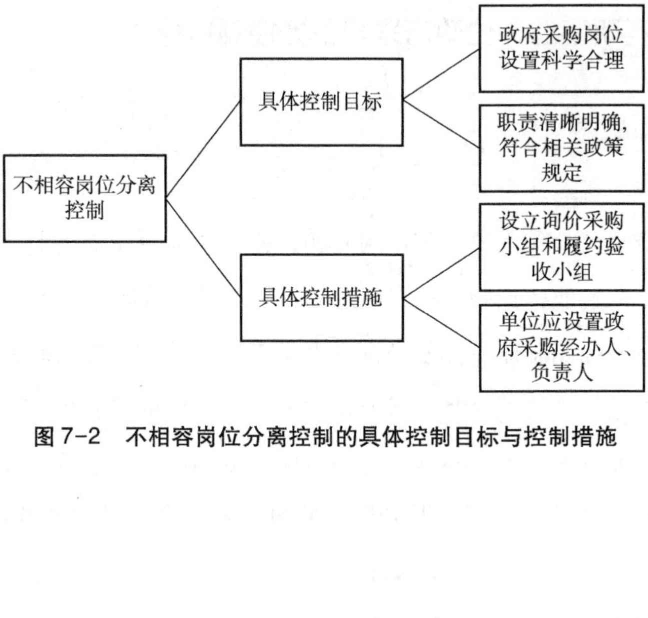

图 7-2　不相容岗位分离控制的具体控制目标与控制措施

(2)预算编制，如图 7-3 所示。

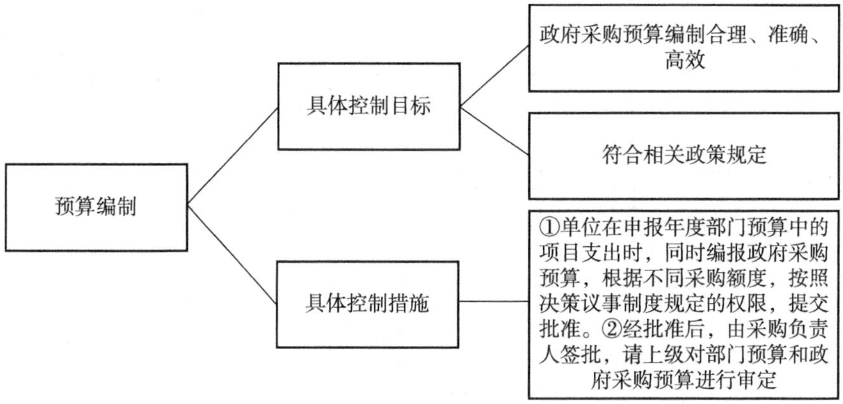

图 7-3　预算编制的控制目标与控制措施

(3)预算指标使用，如图 7-4 所示。

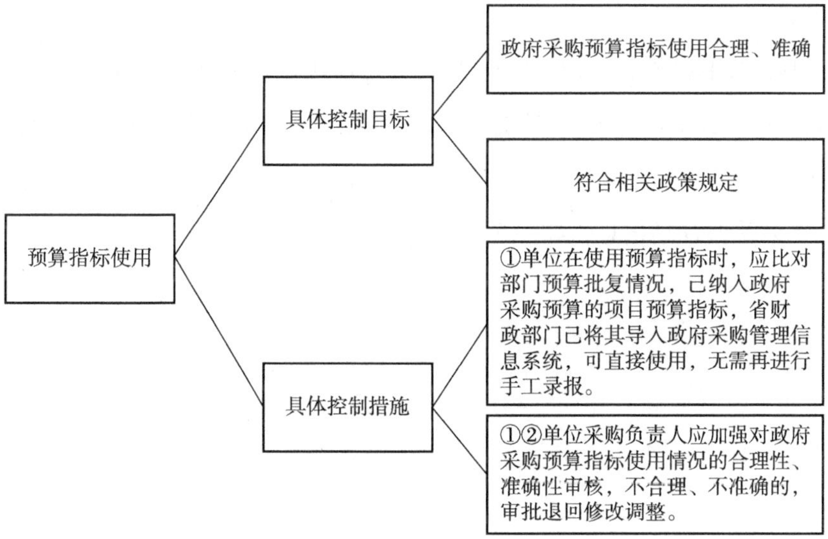

图 7-4　预算指标使用的控制目标与控制措施

（4）预算支付方式，如图 7-5 所示。

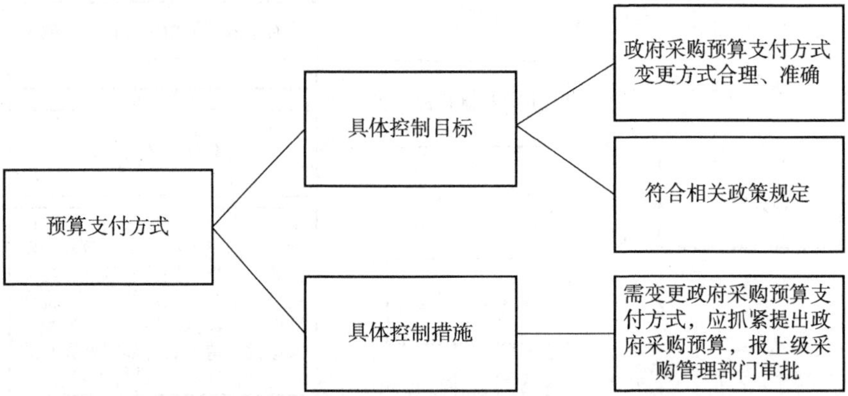

图 7-5　预算支付方式的具体控制目标和控制措施

（5）计划申报

具体控制目标：政府采购计划申报信息完整、准确，符合相关政策规定。

具体控制措施：单位采购经办人员在申报政府采购计划时，应翔实、准确录报预算指标信息、采购品目、采购用途、技术指标参数要求及特殊情况说明。

（6）采购计划信息，如图 7-6 所示。

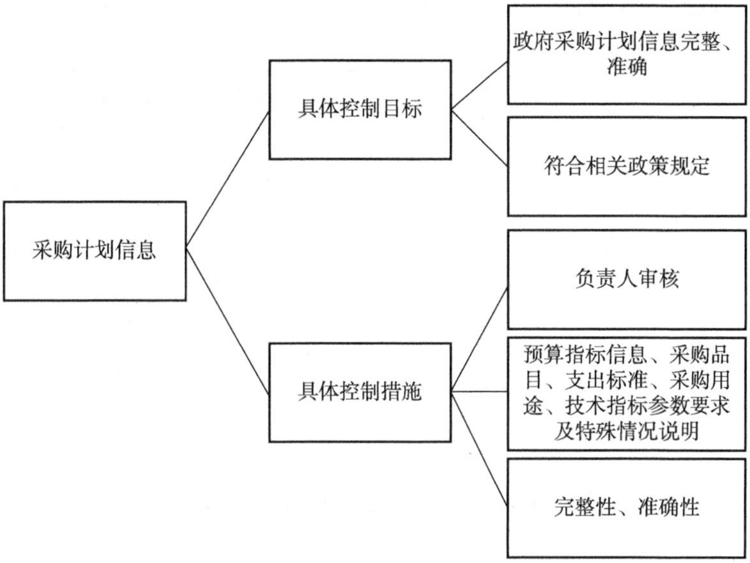

图 7-6　采购计划信息的具体控制目标和控制措施

（7）供应商选择与审核，如图 7-7 所示。

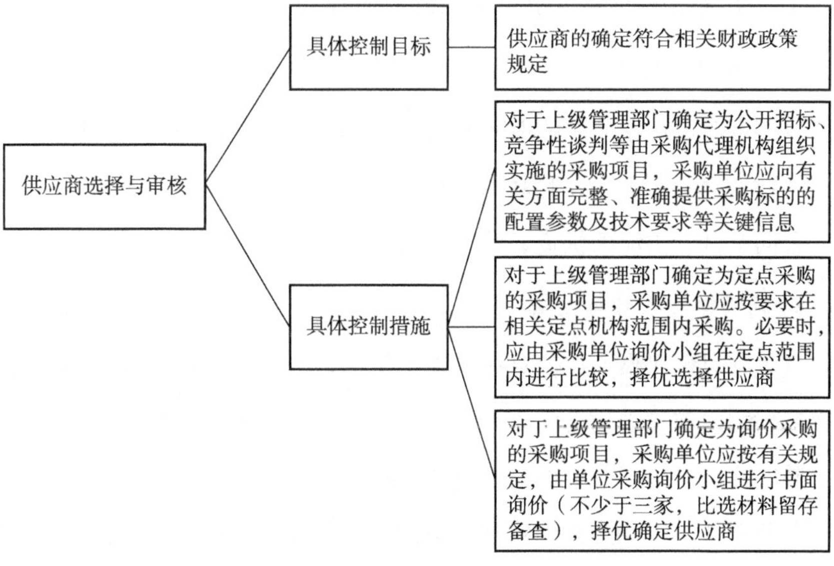

图 7-7　供应商选择与审核的具体控制目标和控制措施

(8)政府采购合同，如图 7-8 所示。

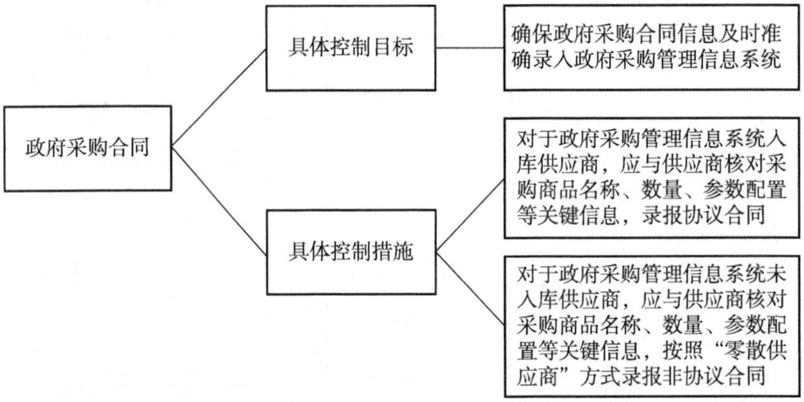

图 7-8　政府采购合同的具体控制目标与控制措施

三、科研事业单位政府采购业务流程与关键环节

（一）科研事业单位政府采购业务流程

1. 流程架构思路

科研事业单位政府采购业务流程因采购模式、采购方式、采购金额等因素的差别会有所不同，其基本流程包括采购预算、采购方式论证、招投标、合同签订、供应商供货、验收、结算等环节。①

2. 流程操作策略与方法

首先，对科研事业单位具体体制特征进行分析，分析论证科研事业单位政府采购内部控制建设的要求，发现政府采购业务存在的风险。

其次，对科研事业单位内控方案的核心内容进行平衡制约，加强政府采购业务管理，以此为基础建立完备的预算、收支、资产管理体系，明晰

① 黄艾非．“放、管、服”背景下高校政府采购业务内部控制优化研究[J]．福建开放大学学报，2021(4)．

账目收支情况。

最后，在政府采购内控方案实施过程中，对单位所在地政府行政部门的实际工作环境做出相应的方案调整，以便于建设方案在政府采购内部控制过程中发挥良好的工作效用。①

（二）科研事业单位政府采购业务关键环节

科研事业单位政府采购业务关键环节，如图 7-9 所示。

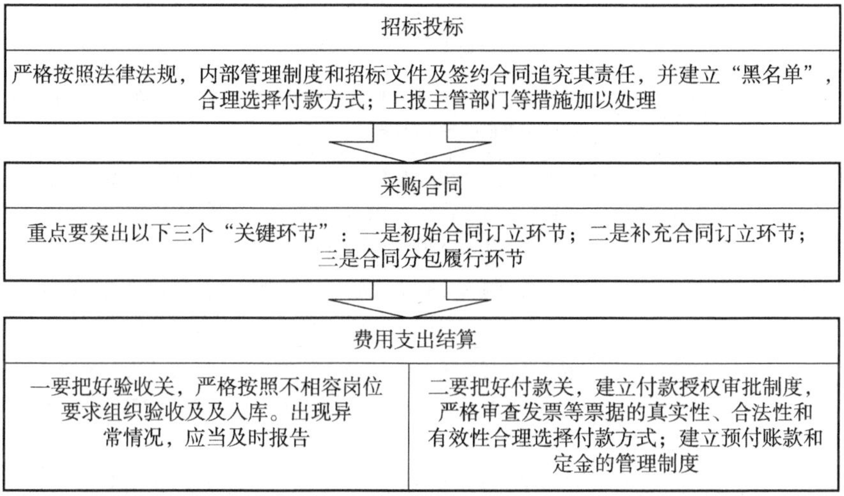

图 7-9　科研事业单位政府采购业务关键环节

四、科研事业单位政府采购业务主要风险点

（一）政府采购业务单位层面主要风险点

科研事业单位在执行政府采购制度过程中容易产生单位层面的主要风险，比如采购程序不合理、采购计划不准确、预算编制不准确、单位资金风险等。对于单位层面的主要风险点优化其内部控制显得尤其重要，要做

① 刘素曼．行政事业单位政府采购内部控制建设方案研究[J]．现代经济信息，2019(7)．

到风险点控制，就要建立制衡机制，分事行权、分岗设权、分级授权，实现决策、执行和监督相互分离、相互制约。①

（二）政府采购业务层面主要风险点

政府采购业务层面主要风险点，见表7-1。

表7-1　政府采购业务层面主要风险点

序号	政府采购业务层面主要风险点	内容与特征
1	组织领导	政府采购岗位设置不合理、职责不清晰明确，导致采购程序不合规，采购计划不合理、不准确
2	预算编制	政府采购预算编报不准确，可能导致政府采购预算指标不合理、数据不准确、应采未采
3	预算指标使用	采购单位在录报政府采购预算指标时，将财政部门导入指标与预算单位手工录入指标混淆，可能导致预算指标使用不合理、不准确、应采未采或预算资金无法及时支付
4	预算支付方式	政府采购预算支付方式变更未经省财政厅政府采购管理部门审批，可能导致政府采购预算指标不合理、数据不准确、应采未采
5	计划申报	单位采购经办人员在申报政府采购计划时，应翔实、准确录报预算指标信息、采购品目、采购用途、技术指标参数要求及特殊情况说明
6	采购计划信息	政府采购计划未经授权人员审核，可能导致采购计划不合理、采购信息不准确
7	供应商选择与审核	供应商的确定程序不合规，采购标的性价比低
8	政府采购合同	未按规定对政府采购合同信息进行录报，影响资金支付，进而影响采购实施进度

五、科研事业单位政府采购业务内部控制措施

（一）单位层面控制措施

科研事业单位在单位层面要做到如下措施：①要加强学习《中华人民

① 张景鹏. 新形势下水文系统政府采购内控制度优化[J]. 水利技术监督，2021(5).

共和国政府采购法》等相关法律法规，发掘本单位在政府采购过程中的差异性，不断完善内控制度。②细化分解政府采购流程，确定采购需求、组织实施形式、采购方式、执行采购程序、政府采购履约验收、财政资金支付等环节，发现风险点，并加以控制。③完善组织结构和职能配置，成立内控领导小组、预算审核小组、项目验收小组，建立制衡机制，分事行权、分岗设权、分级授权。

（二）业务层面内控措施

业务层面内部控制措施，见表7-2。

表7-2　业务层面内部控制措施

业务层面内控措施	具体措施和方法
组织领导	单位应设置政府采购经办人、负责人，并设立询价采购小组和履约验收小组
预算编制	①单位在申报年度部门预算中的项目支出时，同时编报政府采购预算，根据不同采购额度，按照决策议事制度规定的权限，提交批准 ②经批准后，由采购负责人签批，请上级对部门预算和政府采购预算进行审定
预算指标使用	单位在使用预算指标时，应比对部门预算批复情况，已纳入政府采购预算的项目预算指标或财政部门已将其导入政府采购管理信息系统的，可直接使用，无须再进行手工录报
预算支付方式	采购单位因工作需要，需变更政府采购预算支付方式，应抓紧提出政府采购预算，报上级采购管理部门审批
计划申报	单位采购经办人员在申报政府采购计划时，应翔实、准确录报预算指标信息、采购品目、采购用途、技术指标参数要求及特殊情况说明
采购计划信息	单位采购负责人应对经办人提交的政府采购计划的预算指标信息、采购品目、支出标准、采购用途、技术指标参数要求及特殊情况说明的完整性、准确性进行审核，审核不通过的退回单位采购经办人

续表

业务层面内控措施	具体措施和方法
供应商选择与审核	①对于上级管理部门确定为公开招标、竞争性谈判等由采购代理机构组织实施的采购项目，采购单位应向有关方面完整、准确提供采购标的的配置参数及技术要求等关键信息 ②对于上级管理部门确定为定点采购的采购项目，采购单位应按要求在相关定点机构范围内采购。必要时，应由采购单位询价小组在定点范围内进行比较，择优选择供应商 ③对于上级管理部门确定为询价采购的采购项目，采购单位应按有关规定，由单位采购询价小组进行书面询价（不少于三家，比选材料留存备查），择优确定供应商
政府采购合同	①对于政府采购管理信息系统入库供应商，应与供应商核对采购商品名称、数量、参数配置等关键信息，录报协议合同 ②对于政府采购管理信息系统未入库供应商，应与供应商核对采购商品名称、数量、参数配置等关键信息，按照“零散供应商”方式录报非协议合同

第八章
科研事业单位资产管理内部控制建设

一、科研事业单位资产管理概述

资产是科研事业单位正常履行职能和开展业务活动的物质基础，如图 8-1 所示。根据我国现行行政事业单位会计制度，行政事业单位资产可分为流动资产和非流动资产。其中，流动资产是指预计在 1 年内(含 1 年)耗用或者可以变现的资产，包括货币资金、短期投资、应收及预付款项、存货等。非流动资产是指流动资产以外的资产，包括固定资产、在建工程、无形资产、长期投资、公共基础设施、政府储备资产、文物文化资产、保障性住房和自然资源资产等。

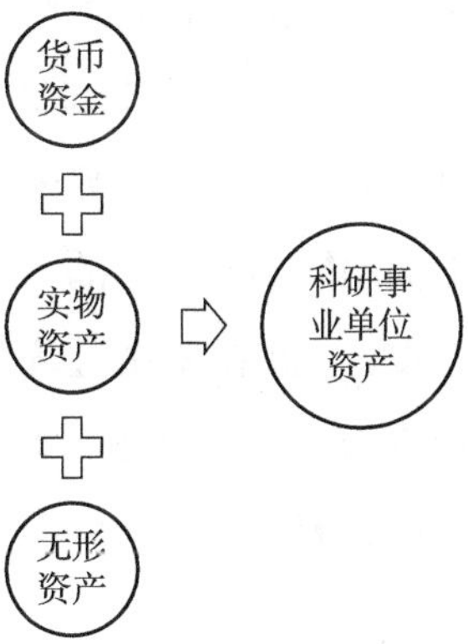

图 8-1　科研事业单位资产的构成

（一）货币资金

货币资金是指资金循环周转中停留在货币形态的资金。按用途和存放地点的不同，货币资金可分为库存现金、银行存款，以及其他货币资金等。其中，库存现金是一个单位拥有的由出纳人员保管的货币，包括本币和外币；银行存款是指一个单位存放在金融机构的货币资金；其他货币资金是指除库存现金和银行存款以外的货币资金，包括单位的外埠存款、银行本票存款、存出投资款、银行汇票存款、信用卡存款、信用证保证金等。此外，由于分散采购支出、零星支出采取财政授权支付方式，因此零余额账户用款额度也是行政事业单位货币资金的重要组成部分。货币资金对行政单位和事业单位均适用。

（二）实物资产

实物资产是指单位占有、使用的，在法律上确认为国家所有、能以货币计量的各种物料用品和低值易耗品等，主要包括固定资产和存货两类，对行政单位和事业单位均适用。

根据《政府会计准则第 1 号——存货》和《政府会计准则第 3 号——固定资产》，存货是指政府会计主体在开展业务活动及其他活动中为耗用或出售而储存的资产，如材料、产品、包装物和低值易耗品等，以及未达到固定资产标准的用具、装具、动植物等。固定资产是指政府会计主体为满足自身开展业务活动或其他活动需要而控制的，使用年限超过 1 年(不含 1 年)、单位价值在规定标准以上，并在使用过程中基本保持原有物质形态的资产，一般包括房屋及构筑物、专用设备、大批同类物资，如图书、家具、用具、装具等，应当确认为固定资产。

（三）无形资产

根据《政府会计准则第 4 号——无形资产》，无形资产是指政府会计主体控制的没有实物形态的可辨认非货币性资产，如专利权、商标权、著作权、土地使用权、非专利技术等。资产满足下列两个条件之一的，即符合无形资产定义中的可辨认性标准：①能够从政府会计主体中分离或者划分出来，并能单独或者与相关合同、资产或负债一起，用于出售、转移、授予许可、租赁或者交换；②源自合同性权利或其他法定权利，无论这些权利是否可以从政府会计主体或其他权利和义务中转移或者分离。该定义对行政单位和事业单位均适用。

（四）资产控制框架

根据科研事业单位资产管理的实际情况和《单位内部控制规范》，可以对科研事业单位的资产控制框架进行建构，如图 8-2 所示。

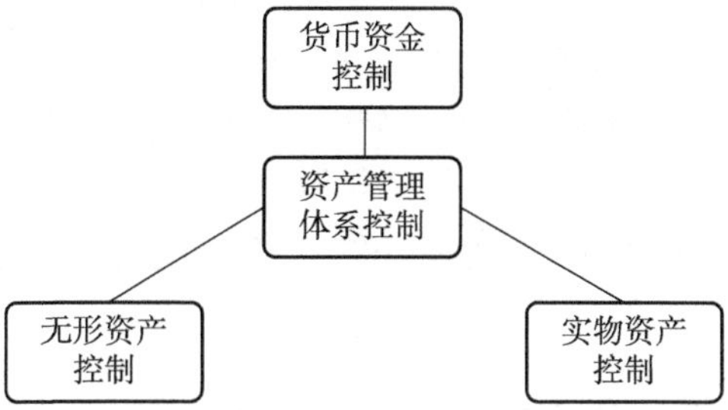

图 8-2　科研事业单位的资产控制框架

（五）资产控制的法律法规依据

近年来，我国相继出台了一系列关于行政事业单位国有资产管理的相关政策法规，各地方政府以及各单位也结合本单位实际出台了各自的资产管理制度。其中，全国性的、比较具有代表性的规章制度主要见表 8-1。

表 8-1　资产控制规章制度

序号	资产控制规章制度
1	行政事业性国有资产管理条例 中华人民共和国国务院令第 738 号 2021 年
2	关于加强行政事业单位固定资产管理的通知（财资［2020］97 号）
3	《政府会计准则——基本准则》（中华人民共和国财政部令第 78 号，2015 年）
4	《政府会计准则第 3 号——固定资产》（财会〔2017〕4 号）和《政府会计准则》（财会〔2016〕12 号）
5	《中华人民共和国现金管理暂行条例》（1988 年 9 月 8 日中华人民共和国国务院令第 12 号发布，根据 2011 年 1 月 8 日《国务院关于废止和修改部分行政法规的决定》修订）

续表

序号	资产控制规章制度
6	《现金管理暂行条例实施细则》(1988 年颁布)
7	《行政单位国有资产管理暂行办法》(财政部令第 35 号，2006 年颁布)
8	《事业单位国有资产管理暂行办法》(2006 年 5 月 30 日财政部令第 36 号公布 根据 2017 年 12 月 4 日财政部令第 90 号第一次修改 根据 2019 年 3 月 29 日财政部令第 100 号第二次修改)
9	《事业单位财务规则》(财政部令第 108 号，2022 年颁布)
10	《行政单位财务规则》(财政部令第 71 号，2012 年颁布)
11	《人民币银行结算账户管理办法》(中国人民银行令第 5 号)
12	《中央预算单位银行账户管理暂行办法》(财库〔2002〕48 号)
13	《中央预算单位银行账户管理暂行办法》(财库〔2002〕48 号)
14	《〈中央预算单位银行账户管理暂行办法〉补充规定》(财库〔2006〕96 号)
15	《地方行政单位国有资产处置管理暂行办法》(财行〔2014〕228 号)
16	《中央行政事业单位国有资产管理暂行办法》(国管资〔2009〕167 号)
17	《行政事业单位国有资产管理信息系统管理规程》(财办〔2013〕52 号)

二、科研事业单位资产管理控制目标

（一）科研事业单位资产内部控制的总体目标

加强科研事业单位固定资产的管理与控制，保护固定资产的安全和完整，防止国有资产流失，防范固定资产业务中的损失或舞弊行为，合理配置国有资产，提高固定资产运营效率。

（二）科研事业单位资产内部控制的具体目标

固定资产管理实行归口管理，不相容职务不能集中在一起、设置与管理内容相对应的组织部门与管理岗位，为其分配不同的管理任务。固定资产在采购、验收、管理、使用、维修、报废、出租、捐赠、投资等各个方面都需建立完善的管理制度，保证国家资产更好地为人民服务，从而推动科研事业单位的稳定运行，使科研事业单位的固定资产发挥应有的作用。

1. 明确单位人员国有资产管理职责

(1)确定领导职责。根据党风廉政建设要求，任命单位负责人为国有资产管理工作机制建设的第一责任人，其他各部门领导分别管辖范围内的资产管理建设工作，并对此负全面责任。

(2)强化单位国有资产使用人和管理人的责任。各部门要确切了解部门职责，建立资产卡片公示制度，具体到资产管理部门、管理人员、使用部门、使用人员，把固定资产卡片贴在固定资产上，当换人使用或存放资产的地址发生变化时，及时进行更新，做到实时动态监管资产使用情况。

(3)强化对资产管理人员的专业技能和岗位职责培训。培训方式可采用视频会议、参观同行业其他单位、研讨会、座谈会、讲授培训等，对行政事业单位国有资产管理员进行相关业务活动流程及法律法规培训，使员工熟练掌握资产管理的相关操作内容。

2. 规范国有资产处置审批、执行过程

对一些已经完成计提折旧的资产，还要对其进行全面评估，是否仍可使用，如果有些运行状态还行，要秉承节约原则继续使用，而对确实无法再使用的资产，应按照流程进行处置，具体处置方案如下。

(1)单位在处置限额以下资产时，由资产权属部门提出处置申请和具体方案，经由上级主管部门同意后再处置。由相关部门共同组成处置小组对需要处置的资产进行处置方案审核，确保没有问题，并通过公平公正的方式处置资产，处置所得收入在规定期限内(一般为 10 天)上缴国库管理。处置结果要上报财政部门进行备案处理。备案材料包括资产处置登记表、资产权属部门拟处置申请和具体方案、上级主管部门的审批、上缴国库的入库单。

(2)单位在处置限额以上的设备、设施时，应由资产权属部门提出处置申请和具体处置方案，经由上级主管部门同意后，同样由相关部门共同组成处置小组对需要处置的资产进行处置方案审核，确保没有问题，通过公平公正的方式处置资产。由资产权属部门自行聘请有资质的资产评估中介机构对处置资产进行价值评估，再交由具有资质的拍卖机构，通过招投标、拍卖等公开方式处置，处置所得收入在规定期限内上缴国库。

(3)单位在进行房屋、土地处置时，要经由资产使用部门提出申请，经上级主管部门审核后报告相关管理部门，相关管理部门再依权限向同级政府机构报告，获得批准后依据相关程序进行处置。对国有土地的处置要按照国有土地管理相关法律法规办理手续。

(4)国家设立的中央级研究开发机构、高等院校对持有的科技成果，可以自主决定转让，除涉及国家秘密、国家安全及关键核心技术外，不需报各部门和财政部审批或者备案。涉及国家秘密、国家安全及关键核心技术的科技成果转让，由各部门按照国家有关保密制度的规定审批。

3. 利用信息化建设手段强化国有资产管理

(1)国有资产要及时入账，避免账外存在零散国有资产。定期核查财务票据，对一些本该归为资产管理类的票据纳入其他分类的情况及时进行纠正，同时在资产管理系统中补充相应资产卡片，做到账实相符。

(2)实现国有资产信息动态管理，确保资产卡片信息的完整性和准确性。为了保障资产信息的完整性，卡片在录入资产信息时应该尽可能全面，包括设备型号、品牌、使用人、维护人、管理部门、采购年份、存放地点等，同时在资产备注栏里附录资产实物图，并且在资产信息发生变化时，资产管理员要及时更新资产卡片信息，实现动态资产管理。资产管理员在年度资产清查时要对单位所有资产进行盘点，对盘亏资产进行原因分析，按照资产管理办法调整国有资产卡片情况，做到账实相符。

4. 健全国有资产管理制度

加强资产全过程监督管理。行政事业单位国有资产管理制度体系是建立在法律和单位实际情况基础上的，作为单位约束和引导员工日常行为的依据，也使员工管理工作更规范化、合理化、精细化和制度化。为此单位应做好以下几个方面的制度管理工作。

(1)健全资产管理问责赔偿机制。明确资产管理各环节人员职责和权限，以追究责任。

(2)健全资产管理内外部监督管理制度。鼓励部门员工积极参与国有资产管理，充分发挥资产管理事前、事中和事后的监督管理职责。除此之外，还可以发动群众进行公开监督，让公众也参与国有资产管理监督。

(3)健全资产管理效果绩效考核评价机制。绩效考核一方面可以激发员工工作积极性，使员工发挥更大的潜力；另一方面通过采取相应的处罚措施，能使员工正确认识国有资产管理的重要性，规范资产管理内容，降低资产管理成本，提高单位的公共服务效益。

5. 设立单独的国有资产管理部门

为了减少或避免责任划分不清晰而出现的问题，单位应成立专门的国有资产管理部门，并安排专门的人员全面负责资产管理，包括资金采购申请、审批、验收、入账、使用、调配、处置等各环节，及时做好资产清查工作和资产使用率情况调研，避免工作人员私自动用资产。合理配置资源，也可以使每项资产都能最大化地被利用，减少资产闲置或资产浪费现象。

6. 提升国有资产管理人员的综合素养

单位可以聘请专业国有资产管理人员负责资产管理工作，从而提升国有资产管理水平，保障资产管理工作的独立性。

(1)聘用优秀资产管理人员，这类人员通常对资产管理更有责任心，也有丰富的资产管理工作经验。

(2)重视资产管理人员，提高国有资产管理人员地位，可以把资产管理执行效果纳入单位年度人员考核指标，督促员工更好地履行资产管理义务。

(3)开展对国有资产管理人员的培训教育活动，让员工及时了解最新资产管理政策和先进管理理念。在提高员工业务技能的同时，提升其职业道德素养，强化员工大局意识，使其不断研究资产管理工作存在的问题，提出有效建议，完善单位国有资产管理制度体系和相关流程。

三、科研事业单位资产管理流程与关键环节

（一）货币资金管理——现金管理流程

1. 流程图

现金管理流程如图 8-3 所示。

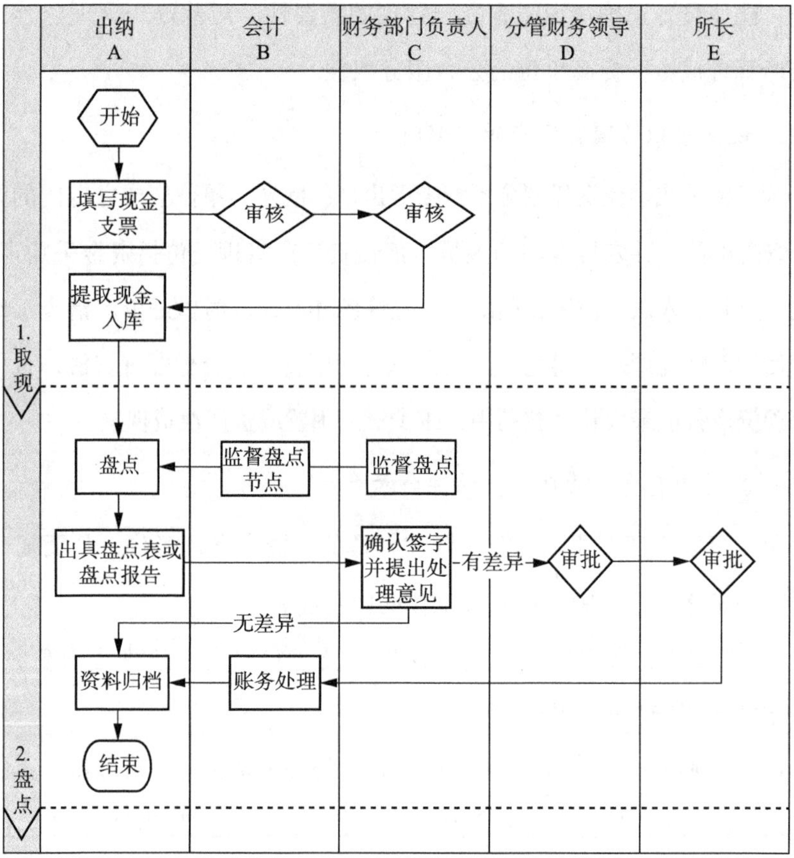

图 8-3 现金管理流程

2. 流程节点简要说明

现金管理流程节点简要说明，见表8-2。

表8-2　现金管理流程节点简要说明

节点	流程简要说明
A1-1	出纳根据现金使用需要填写现金支票加盖人名章
C1	会计、财务部门负责人审核现金支票，审核无误后加盖财务专用章
A1-2	出纳提取现金、入库
A2-1	出纳定期对现金进行盘点，确保现金账实相符
C2-1	会计、财务部门负责人监督盘点
A2-2	出纳出具现金盘点表或盘点报告，如有差异及时上报
C2-2	会计、财务部门负责人审核盘点表。如有差异根据差异原因提出处理意见上报分管财务领导审核
D2	分管财务领导审核差异原因和处理意见
E2	所长对差异事项提出审批意见
B2	对差异进行账务处理
A2-3	盘点资料归档、备查

（二）货币资金管理——支票管理流程

1. 流程图

支票管理流程图，见图 8-4。

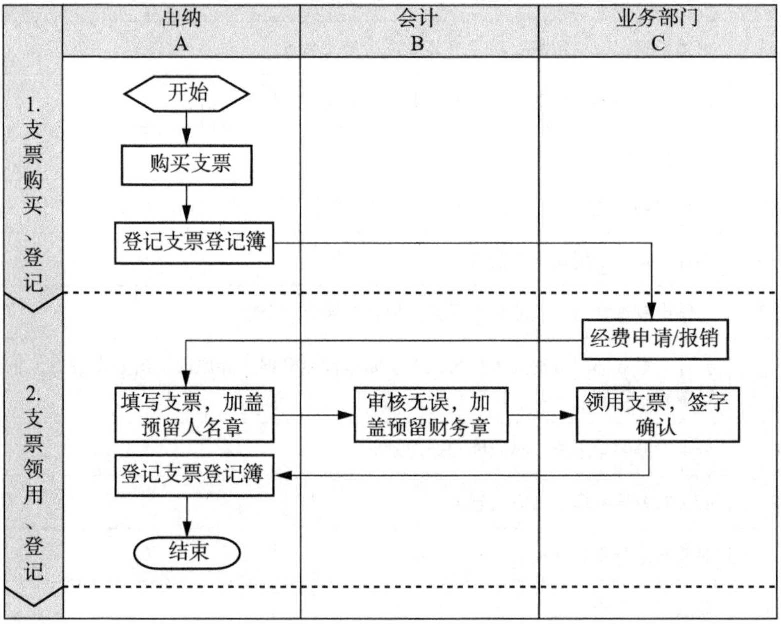

图 8-4　支票管理流程图

2. 流程节点简要说明

支票管理流程节点简要说明，见表 8-3。

表 8-3　支票管理流程节点简要说明

节点	流程简要说明
A1-1	出纳购买支票
A1-2	登记支票登记簿
C2-1	业务部门执行经费申请/报销流程
A2-1	出纳填写支票，加盖银行预留人名章
B2	会计审核无误加盖银行预留财务章
C2-2	业务经办人员领取支票，签字确认
A2-2	登记支票登记簿

（三）实物资产管理——固定资产购置、计价、折旧管理流程

1. 流程图

实物资产管理——固定资产购置、计价、折旧管理流程，如图 8-5 所示。

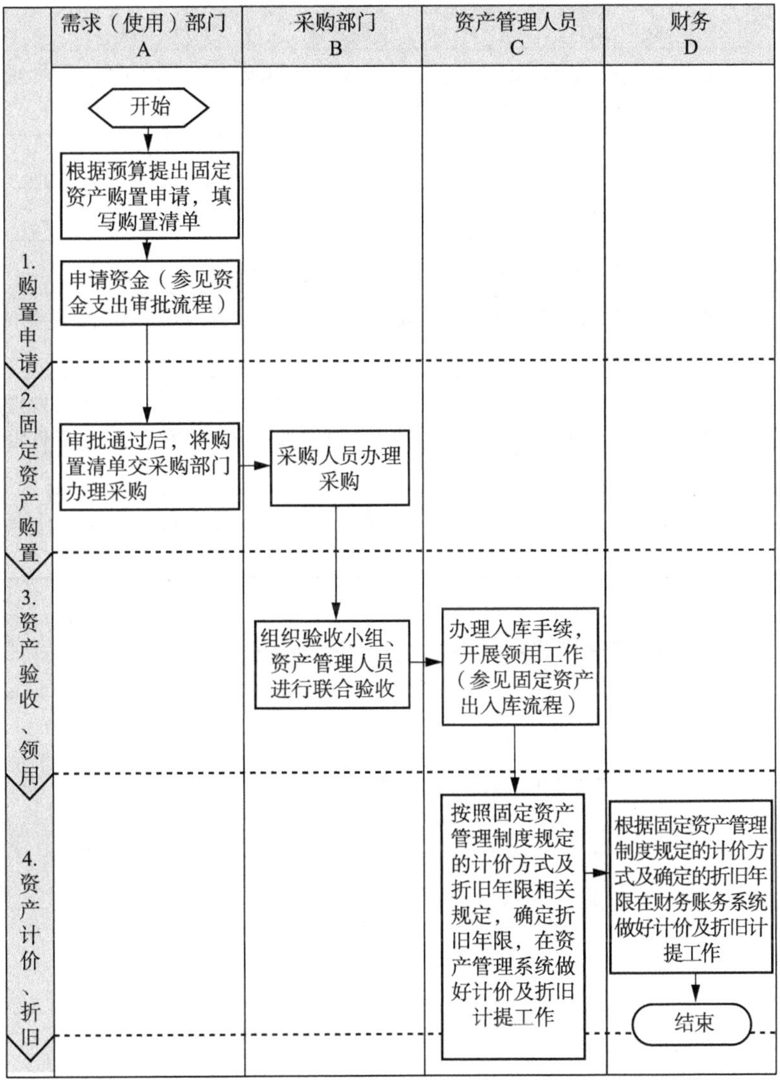

图 8-5　实物资产管理——固定资产购置、计价、折旧管理流程

2. 流程节点简要说明

实物资产管理——固定资产购置、计价、折旧管理流程节点，见表 8-4。

表 8-4 实物资产管理——固定资产购置、计价、折旧管理流程节点简要说明

节点	流程简要说明
A1	需求部门经办人员根据预算提出购置申请，填写购置清单，办理资金申请审批手续（参见资金支出审批流程）
A2	审批通过后，交采购部门办理采购
B2	采购部门办理采购
B3	采购部门组织验收小组、资产管理人员进行联合验收
C3	验收合格后，资产管理人员办理验收入库手续，需求（使用）部门办理固定资产领用手续（参见固定资产出入库流程）
C4	资产管理人员根据固定资产管理制度确定固定资产入账价值，根据相关规定商需求（使用）部门确定折旧年限，在资产管理系统中做好新增计价及计提折旧管理工作
D4	财务根据固定资产管理制度确定固定资产入账价值及资产管理人员确定的计提折旧年限，在财务账务系统做好新增计价及计提折旧管理工作

（四）实物资产管理——固定资产出入库流程

1. 流程图

实物资产管理——固定资产出入库，如图 8-6 所示。

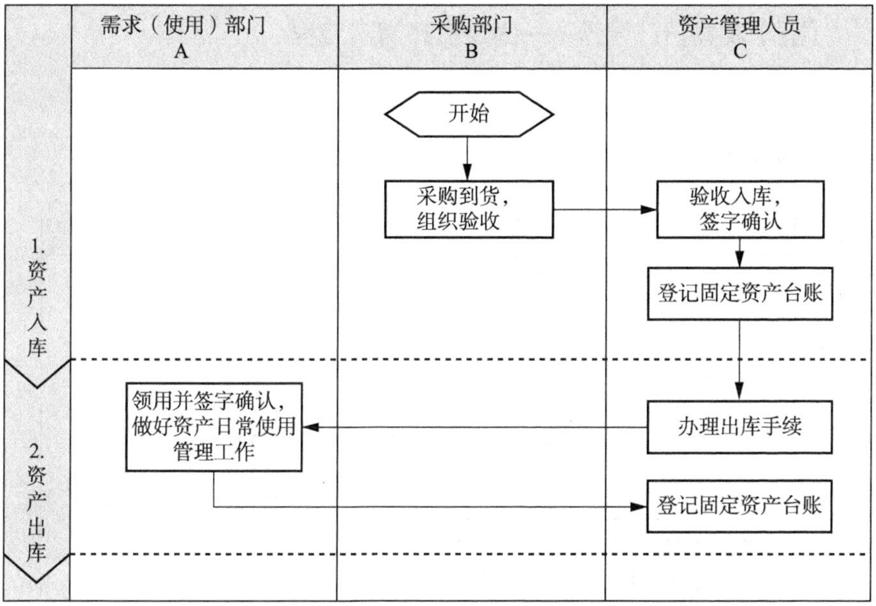

图 8-6　实物资产管理——固定资产出入库流程

2. 流程节点简要说明

实物资产管理——固定资产出入库，见表 8-5。

表 8-5　实物资产管理——固定资产出入库流程节点简要说明

节点	流程简要说明
B1	固定资产到货后，采购部门组织验收小组和资产管理人员进行验收
C1	验收合格后办理入库手续并签字确认。实物管理部门资产管理人员登记固定资产台账
C2-1	资产管理人员办理固定资产出库手续
A2	需求(使用)部门领用人员签字确认
C2-2	资产管理人员登记台账

（五）实物资产管理——固定资产清查流程

1. 流程图

实物资产管理——固定资产清查流程，如图 8-7 所示。

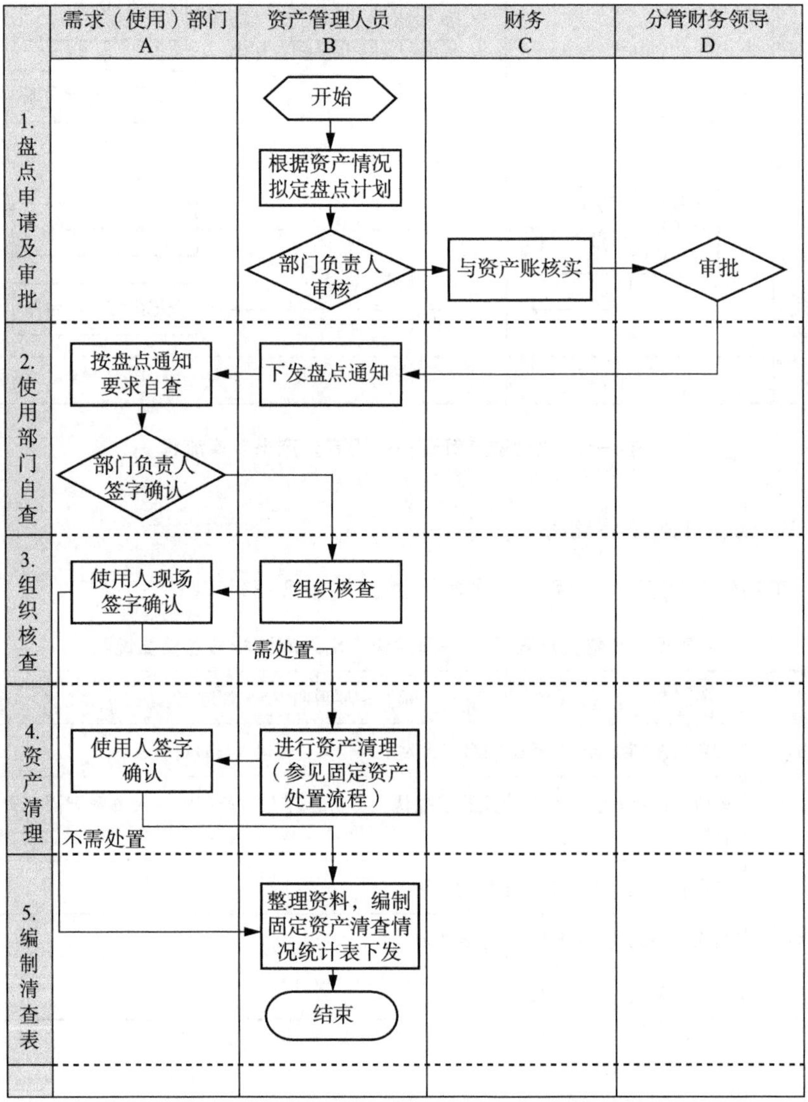

图 8-7　实物资产管理——固定资产清查流程

2. 流程节点简要说明

实物资产管理——固定资产清查，见表8-6。

表8-6 实物资产管理——固定资产清查流程

节点	流程简要说明
B1	由资产管理人员根据固定资产情况，拟订盘点计划后交由财务进行审核
C1	财务对盘点计划的资产与资产账目进行核对，核对一致后报分管财务领导审批
D1	分管财务领导对上报的盘点计划的合理性、可实施性进行审批
B2	资产管理人员根据审批通过后的盘点计划向各需求(使用)部门下发固定资产盘点通知
A2	需求(使用)部门按照盘点通知的要求对所持有的固定资产进行自查并由本部门负责人对自查结果进行审核后签字确认
B3	资产管理人员根据盘点要求及各部门的自查结果组织固定资产核查
A3	使用人对核查结果进行现场签字确认(对于不需要清理的固定资产直接进入B5，对于需要处置的固定资产见B4)
B4	资产管理人员根据检查结果，对需要进行清理的固定资产，组织需求(使用)部门共同完成清理工作
A4	使用人对资产清理结果进行现场签字确认
B5	资产管理人员整理有关盘点资料，编制固定资产清查情况统计表下发各部门

（六）实物资产管理——固定资产处置流程

1. 流程图

实物资产管理——固定资产处置流程，如图 8-8 所示。

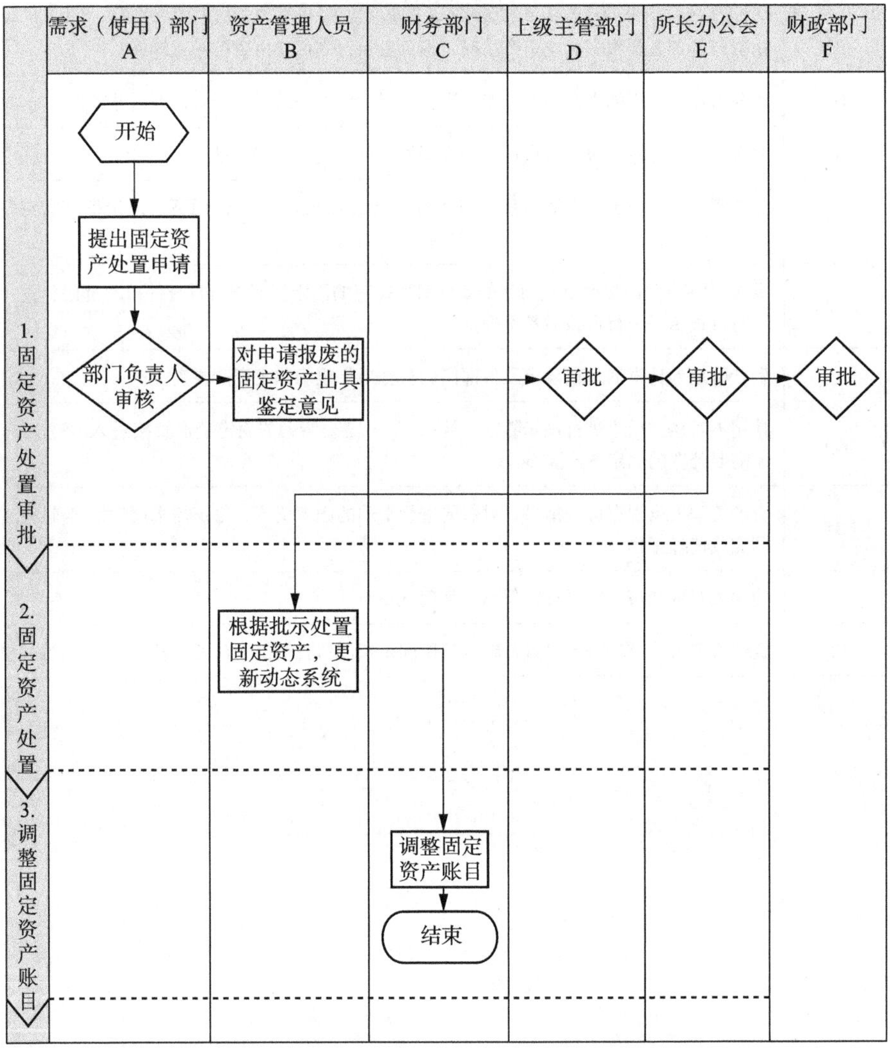

图 8-8　实物资产管理——固定资产处置流程

2. 流程节点简要说明

实物资产管理——固定资产处置流程，见表 8-7。

表 8-7　实物资产管理——固定资产处置流程

节点	流程简要说明
A1	资产需求(使用)部门提出对于固定资产的处置申请，填写固定资产处置申请单，经本部门负责人审核通过后，报资产管理部门审核
B1	资产管理部门对于提出固定资产报废申请的资产进行鉴定，判断申请是否合理，需进行鉴定的，联系相关部门出具技术鉴定意见书。审核通过后报所长办公会审议
D1	所长办公会审批同意后，报上级主管部门、财政部门审核、审批
E1	上级主管部门、财政部门对固定资产的处置申请进行审批
B2	资产管理部门根据上级主管部门、财政部门的批复，处置固定资产并更新固定资产动态管理库
C3	财务部门调整固定资产账目

四、科研事业单位资产管理主要风险点

科研事业单位资产管理主要风险点主要集中在固定资产管理中，主要风险点存在的问题如下。

（一）管理制度亟须完善

首先，行政事业单位在固定资产管理工作中面临着管理制度不完善的现状。管理制度的不断完善是高质量固定资产管理工作的基础，但当前部分行政事业单位的固定资产管理制度系统性、科学性、全面性都存在一定不足，甚至有些行政事业单位还存在多头管理现象。例如，某行政事业单位 A 的固定资产使用调拨没有规范的流程，存在随意调拨、借用，借出后归还不及时，固定资产使用损坏后无人负责，固定资产缺乏定期盘点，固定资产的部门负责及归属权混乱等现象，这都给该单位的固定资产管理流程和管理实施造成了障碍。所以，构建完善的固定资产管理制度是行政事

业单位减少固定资产流失、降低固定资产管理风险的关键。

（二）固定资产管理重视不够

重视固定资产的购置，却忽视购入固定资产的管理与维护，是当前行政事业单位在固定资产管理中面临的另一个问题。当前行政事业单位的固定资产使用效率普遍不高，部分行政事业单位在固定资产购置后却未能匹配相关专业人员进行操作使用，导致固定资产闲置和超额配备情况较为严重，固定资产未能发挥真实的使用效果，而且部分单位固定资产的管理形式化严重，固定资产等级划分、资产档案建立、维护周期等方面工作都比较随意，这就导致固定资产不能在后期进行良好的维护，造成一些贵重或可长期利用的固定资产物品由于后期管理失当而减少使用寿命，给行政事业单位造成了一定的损失。

（三）固定资产处置未按标准进行

行政事业单位在固定资产的处置上也存在一定不足，部门中没有形成对固定资产管理和应用维护上的重视，单位员工对固定资产的处置要求、处置标准、购买标准等方面认识模糊，从固定资产购买的前期市场调查与审核，到购买后的固定资产处置流程都缺乏标准化概念，一些单位主管人员只会凭借主观判断对固定资产任意处置，缺少对固定资产进行维护与监管的意识，遇到财物丢失损坏也没有进行问责和维修方面的有效处理，而是直接重购，这种固定资产处置的随意性增加了行政事业单位的经营成本。

（四）固定资产信息统计信息失准

会计信息缺失与失真、固定资产库存数量不准确、固定资产清查盘点粗放、账实不符等情况也给行政事业单位固定资产管理带来了一定风险。固定资产账实不符，导致资产后期核对和使用中频频出现问题，影响了固定资产使用效率。

五、科研事业单位资产管理内部控制措施

（一）注重顶层设计， 重视资产管理

在全单位范围内对国有资产管理从单位领导层面加强重视。要从全单位的高度来提高对资产管理的重视程度，实现国有资产管理优化，及时解决存在问题杜绝资产管理工作风险。统一单位员工思想，完善管理制度，做好宣贯使得干部员工自觉遵守相关规章制度，实现资产管理落实措施到位。

（二）加强资产清查记录工作

事业单位因长期对国有资产的重视程度不够导致实际的国有资产管理存在很多不合理的地方，其中对国有资产的管理存在管理不够完善和管理依据不明确的问题，所以必须予以解决。在实际工作中，事业单位需要加强对资产的清查工作来提高对国有资产的管理效果，促进新的管理体系的形成。事业单位需要对整个单位中的资产进行详细清查，明确资产的种类、数量、作用及具体价值等信息，解决过去工作中因资产清查不明确而导致的资产信息不明确以及违规使用国有资产的现象，同时可以利用调查的信息来制定相应的资产管理方案，更进一步地提高资产管理的效果与效率。

（三）建立科学合理的资产管控体系

由于现有的事业单位对国有资产的管理体系保持在一个较为陈旧落后的水平，导致事业单位没有更为合理的方法来对相应资产进行管控。若要改变这一现状，首先，需要对以往沿用的管理制度进行优化创新，对其中不合时宜的部分进行及时替换或者删除，同时整个制定过程需要根据现有的实际工作情况以及事业单位的自身功能来制定，不能仅仅根据人为判断

而制定出不具有客观性的管控体系。其次，可以借助网络等现代科学技术来对事业单位中的资产进行更全面而科学的管理，可以促进管理更加公开、透明化，避免由于管理不清楚而造成的资产损失。最后，需要在管控体系中加入监督机制，成立相关的监督管理部门来对资产的有关环节进行监督检查，同时设立相关的奖励和惩罚制度来鼓励积极参与并做出贡献的管理人员。同时，通过警示作用来规范工作中不好的现象，保证事业单位对国有资产的管理能够有效开展。

（四）提高国有资产利用率

事业单位中存在的国有资产占开展相关工作所需要的资产的大部分，而如何正确高效地使用相应资产是事业单位需要研究的重要问题。首先，需要对单位中的国有资产进行详细调查，对国有资产所在部门、使用情况以及损耗率等信息作出详细的调查研究，认真分析相应国有资产的作用以及各个部门的实际需要，合理分配国有资产到各个部门中，并根据实际需要来调整资产的分配额度从而做到国有资产的合理利用。其次，需要对资产的使用情况进行监督管理，对于不能使用的资产及时淘汰，并将闲置的资产投入更需要的地方，不断修正使用中的不合理部分，提高国有资产的利用率。

第九章 科研事业单位建设项目管理内部控制建设

一、科研事业单位建设项目管理概述

首先，科研事业单位建设项目是该单位各类基本建设工程项目的总称，单位建设项目特色分布在项目计划、项目投建和项目运作过程中。具体表现在范围、对象、影响因素、目标、周期等多方面，单位建设项目中，每个项目都有其确定的目标，包括成果性目标和约束性目标，即在投建之前就对其所具有的功能、完成的时间、投资的金额以及应用的对象等有了具体的规划。其次，行政事业单位建设项目的生命周期都相对较长，包括计划周期、投建周期、应用周期以及维护周期，同时，任何基建项目都是一次性完成的，不具有重复性。再次，行政事业单位建设项目所涉及的范围比较广泛，从计划到运作需要相关行业管理部门、银行、税务、法律、设计、施工、材料供应、设备、交通、城管等诸多部门的共同参与和共同协作。最后，影响科研事业单位建设项目的因素比较多，包括气候条件、水文地质、地形地貌等自然因素，还包括设备、机械、物资等物质因素以及人员素质、专业技能等人为因素。由此可见，科研事业单位建设项目在投建过程中会存在比较多的风险。因此，构建一个完善的内部控制制度，有效地进行风险防控成为工作的重中之重。①

---

① 吴凌青．行政事业单位建设项目的主要风险和防控措施浅见[J]．财经界，2016(12)．

二、科研事业单位建设项目管理控制目标

（一）单位建设项目质量目标控制

单位建设项目质量目标控制，见表 9-1。

表 9-1　单位建设项目质量目标控制

建设项目工程设计质量控制	选择对科研建设项目设计具备资质和经验的设计单位
	方案设计阶段应由科研事业单位项目管理人员、项目科研人员和工程设计人员、监理人员共同参与
	为实现科研目标需要反复论证优化设计，以期为建设工程质量目标得到控制
建设项目参与方资质的控制	明确勘察设计、总承包方、材料设备供应方、施工方、工程监理等项目参与方的各方责任
	项目参与方企业资质需要有质量管理体系的认证
	认真审核其质量管理体系的有效性、相关经验、顾客的满意程度和信誉等，人员资质及到位承诺必须保证
建筑项目材料质量目标控制	科研事业单位与施工方、监理方等共同参与材料采购和质量把关工作
	材料进场后由三方共同对材料质量进行检验，根据不同情况分别采用书面检验、外观检验、理化检验和无损检验等方式进行
	施工方对进场材料按图纸设计指标、技术规范、规程进场复试，对有特殊技术要求的材料，建设方可随机抽样并委托国家认证的专业机构进行检测，以确保材料质量。验收发现不合格材料，应按不合格处理程序执行

1. 建设项目参与方资质的控制

单位建设各参与方，包括勘察设计、总承包方、材料设备供应方、施工方、工程监理等都需要对工程质量负责。建设项目质量能否满足要求，首先取决于各参与方是否有能力保证提供满足质量要求的产品和服务。对于项目参与方资质的控制，是质量控制的最基本要求。项目参与方企业资质不仅需要有质量管理体系的认证，还要认真审核其质量管理体系的有效性、相关经验、顾客的满意程度和信誉等，人员资质及到位承诺必须保证。

2. 建筑项目材料质量目标控制

科研事业单位的基础建设必须使用优质材料，质量控制的关键环节在于控制项目材料设备采购。项目建设单位共同参与到材料采购过程中，对材料设备质量进行控制监督。科研事业单位与施工方、监理方等共同参与材料采购和质量把关工作。材料进场后由三方共同对材料质量进行检验，根据不同情况分别采用书面检验、外观检验、理化检验和无损检验等方式进行。根据工程质量管理规范要求，施工方对进场材料按图纸设计指标、技术规范、规程进场复试，对有特殊技术要求的材料，建设方可随机抽样委托国家认证的专业机构进行检测，以确保材料质量。验收发现不合格材料的，应按不合格处理程序执行。

（二）建筑安装工程的质量控制

建筑安装工程的质量控制与监督验收，见表9-2。

表9-2　建筑安装工程的质量控制与监督验收

建筑安装工程的质量控制	工程实施前要认真审查施工方编制的施工组织设计，保证工作的质量
	发挥监理作用，甲方科研事业单位制定并严格执行验收程序，未经甲方批准，一律不得进入下一道工序
	提高“一次成功率”，预防不合格发生。一旦出现不合格，严格执行不合格处理程序，及时改正，保证工程质量
建设项目质量监督和质量验收	投资建设单位监督和验证各过程的主要控制点、不合格的处理和质量数据的收集整理及分析
	建设单位及监理负责组织分项工程、分步工程、单位工程质量的验收

（三）进度目标控制

工程进度日标控制，见表9-3。

表9-3　工程进度目标控制

设计阶段	要找设计水平较高、经验丰富的单位进行设计
	组织专家认真审图，避免设计原因造成的材料浪费。避免设计缺项、漏项，引起合同价额外费用增加
	尽量采用标准化设计，以加快工程进度，节约资金

续表

招投标阶段	依据施工图精确计算工程量，确定精准的工程标的，制定科学细致的评标办法
	保证满足质量要求的前提下，通过竞争机制，选择合理低价施工单位中标，合理确定工程合同价
	签订严密的施工合同，防止漏洞，降低风险，为资金控制奠定基础
项目实施过程	注意防止减项、变更、洽商的少报、漏报，加强工程变更文档的管理，增项变更要根据项目的必要性和可控资金情况核算后确定
	对工程变更的费用和工期做出评估，对工程变更进行跟踪和监督，实行有效的控制
	合同中要约定必要的设备可采取甲方直接采购的方式，便于对材料设备质量和价格进行控制，防止以次充好、吃差价现象的发生
工程竣工结算阶段	审核过程中，要仔细核对合同条款，落实变更签证，检查竣工图与实际是否相符，工程量与竣工图是否一致
	按照合同统一工程量计算规则及单价，按规定计取费用，防止各种计算错误，保证工程结算的精准①

三、科研事业单位建设项目管理流程与关键环节

对建设项目要抓住项目不同阶段的关键环节采取行之有效的管理流程，保证建设项目在符合功能目标、质量目标和工期控制目标的前提下进行，绝不能以降低功能、质量，压缩工期来换取成本的降低；要以合理控制成本为原则，并贯穿项目实施的全部过程。

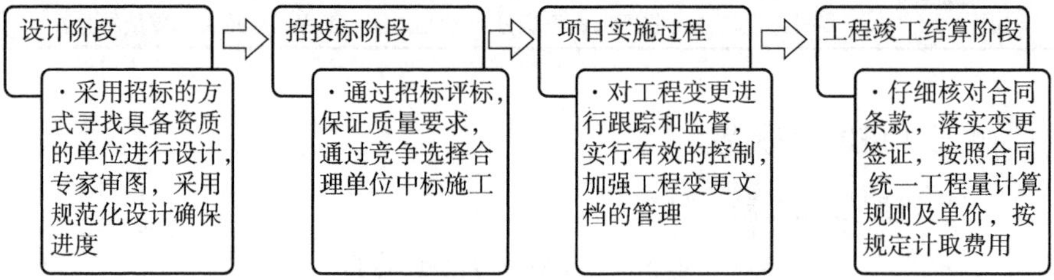

图 9-1　科研事业单位建设项目管理流程与关键环节

① 顾平．农业科研单位建设项目目标管理探讨[J]．农业科技管理，2009(6)．

四、科研事业单位建设项目管理主要风险点

（一）项目筹建阶段的风险

项目筹建阶段风险，见表 9-4。

表 9-4　项目筹建阶段风险

立项阶段	单位决策者自身的责任意识不够强，对于项目可行性研究流行于形式，决策工作存在盲目性，缺乏严格的审批程序，进而造成了项目预算与实际执行结果差别较大或者项目失败的风险
筹建阶段	存在资金浪费的现象，例如违规或者超标建设一些楼堂馆所等
设计方案	缺乏实用性和适用性，不仅容易导致建设项目出现安全隐患的风险，而且还容易造成建设项目成本过高的风险

（二）项目招标阶段的风险

项目招标阶段风险，见表 9-5。

表 9-5　项目招标阶段风险

招标代理机构选择不当	可能导致流标，而再次发布招标公告势必会拖延时间，从而影响建设项目的顺利进展
存在违法违规行为	招投标过程中存在串通、暗箱操作或商业贿赂等舞弊行为，可能导致招标工作违法违规、中标人实际难以胜任等风险

（三）项目建设阶段的风险

项目建设阶段风险，见表 9-6。

表 9-6　项目建设阶段风险

结算风险	管理不够严格，容易导致工程延误或者中断的风险，科研事业单位对于建设项目资金的结算没有按照合同指定的时间给予落实，而且对于资金和建设项目的管理比较混乱，进而容易导致资金损失的风险
审核风险	项目工程发生变更，审核把关不严容易出现预算超支、投资失控或者工期延误的风险

（四）项目竣工阶段的风险

项目竣工阶段风险，见表 9-7。

表 9-7　项目竣工阶段风险

竣工验收	竣工验收不严格产生的重大安全隐患
虚报投资	存在虚报建设项目投资完成额导致的建设项目会计信息失真的风险
“账外账”风险	建设项目没有按规定的时间办理相关的资产移交、转账手续导致的“账外账”风险①

五、科研事业单位建设项目管理内部控制措施

科研事业单位应该针对建设项目的特点，因地制宜、因时制宜，建设项目不同阶段采取有针对性的内部控制措施。

（一）项目筹建阶段控制

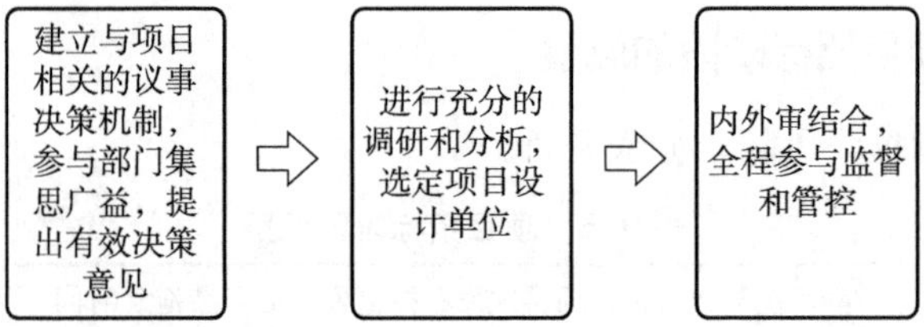

图 9-2　项目筹建阶段控制

（二）项目招标阶段控制

项目招标阶段控制，见表 9-8。

表 9-8　项目招标阶段控制

依法选定建设项目招标代理机构	随机抽取法适用于项目投资额小的，一般都只对代理机构进行基本资格审查，然后抽签决定结果
	综合评估法则由招标人编制招标文件，然后代理机构进行投标，由评委分别对企业资信情况、业绩情况、人员配备情况和招标方案的编写情况进行打分
评标开标	采取签订保密协议、限制接触等必要措施，确保标底编制、评标
	单位和行业主管部门对开标过程进行全程监督，无论是采取纸质评标或者是电子评标，都要保证招标活动的公平、公正和合法、合规

① 吴凌青．行政事业单位建设项目的主要风险和防控措施浅见[J]．财经界，2016(12)．

（三）项目建设阶段控制

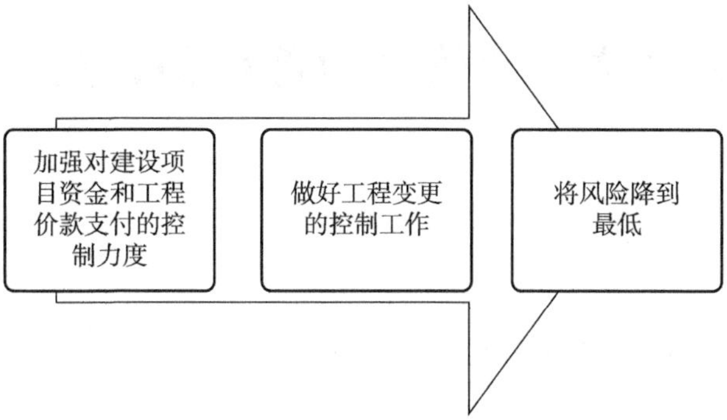

图 9-3　项目建设阶段控制

（四）项目竣工阶段控制

项目竣工阶段控制，见表 9-9。

表 9-9　项目竣工阶段控制

完善竣工决算工作	按照合同的相关规定及时准确地进行竣工决算和审计工作，做好建设项目的资产和档案转移工作
资料、文件归档登记	对于建设项目从筹建到竣工阶段涉及的各项资料、文件，要及时进行收集和整理，确保相关资料的及时归档，进而使得建设项目竣工阶段的风险降到最低

总之，通过上述对科研事业单位建设项目特点、主要风险的分析和研究发现，受各种主客观因素的影响，科研事业单位建设项目在筹建、招标、建设以及竣工的过程中存在着很多风险和压力，进而在一定程度上影响了科研事业单位建设项目的效果和效率，所以及时发现风险，根据科研单位的实际运行情况和战略目标提出切实可行的内部控制制度和风险防控的措施，是相关工作人员需要持续努力的方向和目标，也只有这样，才能促进科研事业单位建设项目更好更快地投建和运作。①

① 吴凌青．行政事业单位建设项目的主要风险和防控措施浅见[J]．财经界，2016(12).

第十章
科研事业单位合同管理内部控制建设

一、科研事业单位合同管理概述

合同是指科研事业单位为开展经济业务与其他单位或个人协商一致订立的，约定相关权利义务的意向书、合同、协议、补充协议以及其他设立、变更、终止民事权利义务的法律文件。

科研事业单位对外发生经济行为，除金额较小、即时结清且取得支付凭证的经济行为外，均应订立书面合同。合同是连接科研事业单位与外部单位处理经济关系的重要法律依据和经济纽带，同时也容易产生各类纠纷风险。科研事业单位合同签订、履行、变更、解除或终止应根据经济业务性质、组织机构设置和管理层级安排，建立完善适合的科研事业单位合同管理制度，并严格执行以保障合同得到有效管理。①

合同管理，是指单位对合同的起草、评审、签约、履行、变更、终止等全过程的管理，包括合同中对方单位资信调查、合同谈判、合同文本审核、签约、履行、变更、解除、纠纷处理以及合同文本的备案、建档保存等。

二、科研事业单位合同管理控制目标

科研事业单位合同管理控制目标，在单位层面的控制目标就是规范和加强科研事业单位的合同管理，维护科研单位合法权益，防范合同纠纷和

① 梁洁妮．浅淡内部控制之合同管理的制定[J]．时代金融，2020(14)．

运营风险，根据《中华人民共和国民法典》《行政事业单位内部控制规范（试行）》等国家有关法律法规及规范性文件，结合单位具体实际，开展行之有效的合同管理工作。

科研事业单位合同管理工作中具体业务目标，见表10-1。

表10-1 科研事业单位合同管理工作中具体业务目标

合同流程阶段	具体业务目标
合同调查	获取合同对方单位信息，选择合理合同对方
合同谈判	有效的合同谈判
合同审核	经合理合同评审及审批流程，控制合同条款不严密等造成的风险
合同审批、签署与签章	严格管理合同用印，在授权范围内签署合同
合同执行情况监控	有效监督合同执行情况
合同纠纷处理	合同纠纷经法律协调，且处理按权限审批
合同补充、变更、解除	合同的签署、履行、结算、补充或变更、解除等都要进行合同登记

三、科研事业单位合同管理流程与关键环节

（一）健全规章制度，加强重大合同审查管理

要使合同管理规范化、科学化、法律化，首先要从完善制度入手，制定切实可行的合同管理制度，使管理工作有章可循。合同管理制度的主要内容应包括：合同的归口管理，合同资信调查、签订、审批、会签、审查、登记、备案，法人授权委托办法，合同示范文本管理，合同专用章管理，合同履行与纠纷处理，合同定期统计与考核检查，合同管理人员培训，合同管理奖惩与挂钩考核等。企业通过建立合同管理制度，做到管理层次清楚、职责明确、程序规范，从而使合同的签订、履行、考核、纠纷处理都处于有效的控制状态。独家代理协议、重大技术改进或技术引进合同、涉及担保的合同、大型施工合同、交易合同等。把这些对生产经营活动和经济效益影响大的合同挑出来，作为合同中的重点管理对象，从合同的项目论证、当事方资信调查、合同谈判、文本起草、修改、签约、履行

或变更解除、纠纷处理的全过程，都应有法律顾问部门参与，严格管理和控制，预防合同纠纷的发生，有效维护科研事业单位合法权益。

（二）严格合同审查

把好合同审查关是预防合同风险的首要环节。首先是对合同当事人的资信审查。首先，合同谈判前应对合同当事人的资质进行审查，包括签约资格、履约能力、以往的履约信誉等，以免上当受骗。资信审查主要看营业执照、授权委托书、资产负债情况、相关业绩等，质量体系认证书、银行或税务部门出具的信用证书、相关主要荣誉证书等，以上文本对了解合同当事人的资信情况具有参考作用，但不是合同当事人必须提供的。其次是对合同文本的审查。谈合同时，一般各方都希望以本单位草拟的文本为基础，因为用本单位起草的文本，基本用语条款和格式大多对本单位有利，也较熟悉，谈判起来就方便一些。用其他单位的文本，往往比较生疏，改动量较大。有时有的单位故意将文本写得很长，并在其中设置文字陷阱，稍不注意就会签订对己方不利的合同。合同当事人可以以任何文本为基础进行谈判，最后是形成商定文本。文本审查应特别注意格式合同问题。一些公用企业和服务行业为了逃避责任，往往利用格式合同对消费者提出不平等、歧视性的要求，所以必须加强对格式合同的审查。

（三）把好合同签订关

加强对合同签订的管理，严格合同签订程序是防范合同风险的重要环节。合同签订程序一般包括主办单位拟定合同文本→初审→审核→审批→签订→履行→合同关闭→检查评价等。在实践中应注意把握以下环节：①合同主办单位与合同签约方草拟合同文本后，填写《拟签合同审批表》，并将审批表和合同文本及相关资料按合同涉及的业务，送技术、经济等部门进行合同审查、会签，并由各部门负责人签字确认。②合同主办单位将会签的《拟签合同审批表》和合同文本及相关材料报送法律/合同管理部门审核。合同管理部门根据合同主办单位提供的合同文本及其他材料，对合同进行形式审查、主办单位职责或授权管辖范围审查、对方资质审查、合同条款合法性、严密性审查。认为对方主体合格，合同文本具备合法内容和形式，条款完整，权利义务明确、对等，用语规范后，出具可以对外签订该合同的法律意见书。③合同签订后，合同主办部门将合同正本交合同管理部门备案。同时要对合同的履行、结算等进行跟踪监督，确保合同各项条款得到落实。合同执行完毕，合同主办单位做出合同结算、履行、效果等实施情况总结并报合同管理部门。可以通过使用合同专用章这一方式，规定对外签订合同必须统一加盖合同专用章，企业才予以认可，这样可避免一些部门和人员对外签订合同时，加盖其他公章，也可避免一些人员逃避合同综合管理部门的监督管理。

（四）抓好合同履行监督

为防止违约行为的发生，企业法律顾问对合同的履行进行监督十分必要。通过监督可以知道企业各类合同的履行情况，及时发现影响履行的原因，以便随时向各部门反馈，排除阻碍，防止违约的发生。另外，合同结算是合同履行的主要环节和内容，法律顾问部门应同财务部门密切配合，把好合同的结算关。合同综合管理部门监督检查合同的履行情况，一般采取重点检查和抽查的方式。检查内容主要包括三方面，一要看各方是否按合同约定进度全面履行合同，督促各方严格履约；二要看履行过程中是否存在合同数量、工期、设计等方面的变更情况，如有变更，应履行变更签约手续，以合同形式明确变更情况；三要看是否存在违约情况，这是监督检查的主要工作。由于处理违约情况涉及大量法律规定，所以，合同综合管理部门对此过程应重点监控。合同履行过程中，当事各方的往来函件、通知等文书都具有法律效力，如果发生纠纷，也是区分责任的重要证据，所以对合同履行每一环节形成的书面材料都应注意完整保存。[①]

---

① 沈克勤．合同综合管理要抓关键环节[J]．中国石化，2008(8)．

四、科研事业单位合同管理主要风险点

合同管理过程中，不同阶段存在不同风险，科研事业单位合同管理过程中最主要的风险及关键控制点见表10-2：

表10-2　科研事业单位合同管理风险及关键控制点

主要风险	关键控制点
忽视被调查对象的主体资格审查，导致合同无效或引发潜在风险	获取合同对方民事主体资格文件。 调查合同对方资信状况及履行能力等信息
谈判中忽略合同重大问题或在重大问题上做出不当让步。谈判缺乏经验，泄露谈判战略	委派合适的团队进行合同谈判，获取有效信息。 重大合同的谈判，应有财务、技术、法律及与合同内容相关的其他部门参加
1. 内容不完整、表述不准确或存在重大疏漏和欺诈 2. 操纵合同金额等条款规避合同管理规定 3. 未能发现合同的不当内容和条款，或发现了问题，但未提出恰当的修改意见	合同的起草应由己方或以己方为主承担，文字应严谨、简练、准确。 应审核会签的合同，承办人应于签订之前将合同草案及与合同有关的证明材料依次提请财务部门、审计部门、合同归口管理部门进行审核。 合同信息经技术、法务、财务等方面的人员进行评审，以及时发现合同文本疏漏之处
未根据审核意见修改合同、超越权限签订合同，合同印章管理不当，签署后的合同被篡改，因手续不全导致合同无效	合同在经我方法定代表人或其授权签署人签署后，方可由合同归口管理部门统一编号和加盖合同专用章。 规定用印登记手续，建立用印登记簿，实行用印登记。 规范保管并使用合同章、公章，按照要求规范用印
合同履行监督及统计，未有效监控合同执行进展，可能无法及时发现合同违约情形，给本单位带来风险	建立合同台账、统计合同执行情况，跟进合同执行进展。变更或解除合同，必须采用书面形式，必须符合法定或约定程序。 合同变更与解除的审批程序与合同签订的程序相同

五、科研事业单位合同管理内部控制措施

（一）加强经济合同管理的制度建设

科研事业单位领导要充分认识合同管理的重要性，组织合同管理人员

参加合同相关政策、知识的培训，注重对合同管理相关人员法律知识和合同管理相关知识的积累、学习，不断提高合同管理人员的职业素质和业务能力，提高合同管理的专业性、有效性。行政事业单位应当成立专门的合同管理部门，根据自身的职责内容、经济活动总量、管理目标等，建立与之相适应的切实可行的合同管理制度，主要包括：合同立项、签订、授权、档案管理、履行进度登记、考核监督检查等。明确各类经济合同的处理流程，确认各职能部门合同管理的职责，将管理职责落实到每一个管理人员，提升人员的责任意识。各职能部门应当建立有效的沟通机制，提高合同办理的效率，加强对经济合同的风险管控。

（二）提高经济合同管理的风险意识

科研事业单位经济合同管理的相关职能部门，应不断提升管理人员的职业素养，加强经济合同实施各阶段管理的专业性，提高防范法律风险、廉政风险、违约风险等意识。应明确经办部门、业务部门、财务部门等在经济合同各阶段的权限，审核、监督的内容和职责，以及各职能部门的协调沟通机制。经办部门对合同内容的具体流程进行严格把关，业务部门对合同实施的进度、质量进行审查和监督，财务部门对资金支付渠道、支付进度进行审核把关，各部门分工明确、密切配合，一起做好经济合同的风险监控和防范工作。

（三）注重经济合同管理的全过程

1. 合同签订阶段

科研事业单位的经济合同在签订前，应按照年初预算的范围和金额进行审核，严禁超预算签订合同。对于政府采购合同，政府集中采购目录以内或者达到政府采购限额标准以上的合同，严格遵循《政府采购法》及其相关法律法规来履行。在政府集中采购目录以内并达到公开招标限额标准的合同，应当采取公开招标方式进行。对政府采购目录外或达不到公开招标限额的合同，通过自行超标、询价的方式来确定供应商或服务商时，各合同管理业务部门必须严格审查各方报价单位的货物序号、服务内容、报价金额，严格自行招标公示，本着合理、高效、节俭的原则，审慎选择供应商或服务商。对于重大经济合同的签订审批，按照“三重一大”要求履行集体决议批准，详细汇报项目立项依据、实施目的、基本情况、经费预算、预期成果等事项。行政事业单位经济合同拟定阶段，要严格合同签审管理，必须通过技术部门的技术审核、政策法规部门的法律审核、财务部门的财务审核等专业审核，确保合同条款内容完整、合法合规、表述准确、符合预算要求。合同文本经合同各业务部门审核确认后，提交部门主管领导审定。合同签订应明确合同的授权审批和签署权限，经主管领导审定后的合同应由单位行政负责人或其授权委托人签署，严禁未经授权或者超越权限擅自签订合同。

2. 合同履行阶段

科研事业单位在合同履行过程中，要加强对合同过程的实时管理，通过对合同履行情况的不定时检查，实现对合同履行实施及时有效的监控，督促对方当事人按照合同约定开展工作，按期提供合同成果。对采购、服务合同，由经办部门、使用部门一起对合同标的进行评价，评估供应商是否按照合同约定的时间和要求提供物资或提交服务成果；对工程项目合同，由项目管理部门、建设单位、监理单位一起对工程建设进度、质量、安全等进行监管和控制，督促建设单位按照合同履行施工进度并保证工程质量。财务部门要加强合同的会计控制，建立与合同执行部门的有效沟通，查阅合同的检查记录，及时准确掌握合同的履行情况和进度，付款时严格按照合同预算、合同约定和履行情况办理，不得超预算、超进度支付款项。①

---

① 汪钦．行政事业单位合同管理：问题、风险及对策[J]．财富生活，2021(24)．

第十一章
科研事业单位科研项目管理内部控制建设

一、科研项目管理业务概述

（一）科研项目管理的意义

科研项目管理对于科学技术的快速发展具有重要意义，能够极大地提升科研效率，提高投资方的经济效益。在当今快速发展的全球化进程中，科技对于国家和社会的发展具有重要作用。为了确保科学技术的先进性，社会各方面对于科研的重视程度越来越高，对于科研的实际效益也愈加重视。随着对科研的投资力度日益加大，有效的科研项目管理工作是人们最应该重视的，因其是保障科研项目有序进行的关键所在。然而，目前在很多科研院所的项目管理中，还存在着很多的漏洞，一定程度上减缓了科研工作的开展进度，制约了科研事业的发展。因此，提高科研项目管理水平，建立科学、全面的管理体系，是现如今急需解决的问题，也为我国的科学研究工作提供了有效的外在帮助。

（二）科研项目管理中存在的问题

1. 管理制度不健全

有效的科研项目管理工作必须要有健全的管理制度。但在我国的很多科研院所中，管理部门对于科研项目的管理工作还存在很多漏洞，存在着监督不到位、执行难度大、调控性较低等问题。科研管理办法中对于科研项目的管理标准不够明确，致使很多管理工作不够规范，缺乏严谨性。管理人员没有明确的管理条例作为标准，使其管理工作具有很大的弹性，在实际工作中缺乏可操作性，使相关人员对于管理制度毫不重视。管理人员对于科研成果的监督也很难做到有效把控，监督方式通常是管理人员进行抽查或者项目负责人提交研究报告，这种方式不利于管理人员对于科研基层实际情况的了解。

2. 科研项目的评审、验收工作缺乏标准

（1）立项评审

现阶段，我国的科研项目立项评审工作主要是由专家评审、科技主管部门评审这两级评审组成，缺乏更加细致的标准程序，具有较大的随意性。专家在评审过程中很容易受到主观因素的影响，没有具体的评审标准和条例，从而提高了科研项目的公关性，阻碍其健康发展。另外，由于缺乏规范的审查标准，科技主管部门常因不够了解科研项目，而随意删减科研经费，致使科研工作受到很大的现实因素影响，研究项目的质量也会有所降低。①

（2）验收工作缺乏严谨性

科研项目的验收人员一般是临时组建的，缺乏专业性，对于科研项目的了解程度不深。在进行相关验收工作时，验收小组人员一般只是注重形式，难以对科研工作进行有效的分析和了解，从而使其无法发现科研项目中存在的针对性问题。因此，无法对科研项目进行有效的全方位评估，严重影响评估结果，阻碍了科研工作的有序进行。

3. 科研项目的预算管理不到位

科研项目预算缺乏科学性、全面性，给预算执行带来很大困难，也对科研工作的稳定发展造成了很大困扰。主要原因是预算管理的工作不够规范，缺乏有效合理的预算制定程序。在科研工作进行的过程中，预算支出

---

① 曾欣．科研院所科研项目管理研究[J]．产业创新研究，2019(12)．

科目远远少于实际的支出内容，这就需要再进行预算申请，严重阻碍了科研工作的进展。很多项目在预算编制期间，缺乏与财务部门的沟通，主要通过自身的研究经验进行预算估计，会受到很大的主观因素影响，致使预算过大，降低了研究的经济效益。[①]

二、科研项目管理控制目标

（一）单位层面科研项目组织管理控制目标

1. 建立符合科研事业单位实际及相关政策法规的，且具有可操作性的科研项目管理制度和流程，确保单位科研项目管理工作有章可循。

2. 建立科学合理、分工明确、有效协调的科研项目管理组织体系，明确授权审批权限和岗位职责，确保科研事业单位科研项目管理的组织、领导、协调等各方面工作细化并落实到位。

（二）业务流程控制目标

1. 项目立项

(1)项目立项管理规定明确、工作程序清晰，项目申请、审核程序规范，确保项目申请材料的真实性和完整性。

(2)项目立项申请书编写规范，立项依据明确，符合编制要求。

(3)项目预算编制科学、合理，符合项目研究实际需要。

2. 项目实施

(1)项目资金拨付及时、资金使用规范有效，加强科研项目资金的全过程管理，提高资金使用效率。

(2)按照国家文件精神，明确项目负责人职责权责，保证其在项目经费使用、进度控制、成果登记、知识产权保护等方面的权益，确保科研项

① 朱玮．科研项目经费管理中存在的问题及解决措施[J]．今日财富，2021(19)．

目资料的真实性和完整性。

3. 结题验收

(1)规范科研项目结题验收管理，确保科研项目如期按规进行结题验收和结项处理，防止科研经费长期沉淀、避免科研资产浪费。

(2)科研项目验收规章制度完善，验收流程严格，确保报告、资料、数据及结论的真实性和可靠性。

4. 成果管理

(1)完善科研成果管理制度，明确部门职责分工，组织科研成果的评价鉴定，促进成果转化与应用。

(2)建立健全科研成果申报、转让、使用信息登记制度，保障公立医院及研究人员的合法权益。

目标管理法为科研项目提供的是一种以目标为导向的管理手段，即在项目具体实施过程中采取目标层层分解的方式，以确保项目的各个阶段在控制范围内得以实施，而目标管理法在科研项目管理的具体应用步骤可分为如下五步：①确定工作范围。只有将科研项目的整体项目工作范围确定后，才能继续进行进一步的管理工作。在确定工作范围的时候，管理团队应当事先邀请专家来对该科研项目进行初步判断，如果该科研项目本身存在不可实施性，那么就应当停止，如果该项目被验证是可行的，那么也应由专家给出初步的工作意见，再结合具体的项目工作计划来确定工作范围。②制订进度计划。制订进度计划可以说是整个科研项目管理活动中最重要的一步。因为在利用目标管理法进行项目管理法的过程中，最重要的就是依据原定计划进度对实际项目实施过程进行考量，从而及时给出项目管理。③科研项目管理流程与关键环节意见。如上所说，在制订进度计划的时候，同样要考虑到 SMART 原则，要保证所制订的进度计划是具体详细的、可以衡量的、可以完成的、与其他目标具有相关性的、有明确截止日期的。④监督检查。当具体的工作范围和进度计划被确定下来之后，科研项目的管理人员就需要跟随着项目的具体实施进行监督管理。在管理者对项目过程进行监督检查的过程中，也需要在一定的情况下负责协调问题，包括人际关系、资金资源等项目实施中可能遭遇的瓶颈问题。为了对整体科研项目进行详细记录，管理者需要按照目标管理法的宗旨，及时对进度进行详细记录，撰写进度说明书，并通过将实际进度与计划进度的比较，及时发现项目实施过程的问题，以便在第一时间解决问题，或者说以便对项目人员进行综合考量，以此来进行及时的奖惩。⑤变更控制。当科研项目在实施过程中遭遇不可解决的难题时，整个项目就可能面对变更，即项目管理者需要重新针对科研项目的实施进度做出新的计划进度书，并制定新的工作范围，相当于将目标管理法的步骤重新走一遍。虽然变更行为可能造成整个科研项目的实施周期延长以及产生成本增加等问题，但是如果管理不以变更控制的行为对科研项目进行纠正，那么该科研项目则可能陷入完全瘫痪，甚至作废。除此之外，项目管理者还必须保留每一次的变更控制记录以及前后的进度计划书等资料。①

三、科研项目管理流程与关键环节

（一）科研项目管理流程

从内部控制的角度分析，科研项目申报与立项管理，科研项目实施过程管理、科研项目结项验收管理，要做好以上科研项目的管理工作，需要做好三个方面的控制活动，即不相容岗位分离控制、申报与立项环节的控制、实施与结项环节的控制。

1. 科研项目申报立项管理

一方面，必须按照不相容岗位相互分离原则，要求科研项目管理应遵

① 宫玉辉．浅谈目标管理法在科研项目管理中的应用[J]．中国高新技术企业，2013(9)．

循（或调整）与审批、审批与执行、执行与评奖等不相容岗位的分离。

另一方面，申报与立项环节，建立和完善科研项目管理工作机制，明确申报和立项程序、要求和内容，确保科研项目申报与立项程序规范、符合立项部门或单位的要求；立项申请应由单位科研管理部门审核或组织评审，报立项部门或单位审批；高校应按照法律法规或高校制定的合同管理办法，加强科研项目的合同管理。

2. 实施和结项环节

加强对科研项目执行过程中经费使用及进度的监督，确保经费使用合理，项目按期完成；如遇特殊情况，需要调整经费预算或项目延期，应按规定进行审核审批后方可调整。

建立和完善科研项目监督检查和验收制度，按有关规定和合同要求，监督经费使用，促使项目负责人按时提交验收或结项申请；认真审核验收材料，按时组织开展科研项目结项验收，保证按期完成结项验收工作。①

（二）科研项目管理关键环节

1. 明确项目论证流程

项目论证是一个连续的过程，它包括问题的提出、制定目标、拟定方案、分析评价，最后从多种可行的方案中选出一种比较理想的最佳方案。主要可以采取以下步骤来开展工作：一是明确项目范围和项目目标。通过与单位主管领导、部门主管领导沟通，与基层具体工作的实施者进行交流，明确本项工作的具体内容，以及希望能够达成的确切目标。二是收集并分析相关资料。通过实地调查、技术研究和经济研究，分析和判断项目开展的可行性。三是拟定可行性方案和替代预案，开展多方案分析、比较，选择最优方案进一步详细分析和全面论证。四是编制项目论证报告、可行性报告、资金预算和项目实施进度计划。项目组结合科研当年规划和

---

① 马立群．以内控视角探讨高等学校科研项目的管理[J]．财会学习，2020(31)

自身需求，开展项目的初步可行性研究。本阶段是一个中间阶段，是在项目意向确定后的初步分析和论证，其目的在于审核科研项目内容是否符合《立项指南》中的相关要求，评估所申报的科研项目是否具有实施意义。项目组在经过文献研究、案例研究，综合说明项目的可行性后，提出可行性方案和至少一种替代预案，通过项目组内分工，对多个方案从进度、成本、质量三个维度综合分析和比较，形成论证报告和可行性报告，提出项目初步的进度计划和人员经费情况。

2. 健全科研经费管理的体制

一方面，围绕制度建设，完善科研项目经费管理机制，构建健全的管理体系，确保现行的财务制度与科研项目经费管理制度相匹配。从管理层面来看，科研项目经费管理具有很强的科学性，是一项政策性工作，在实际管理中，相关部门必须结合国家法律法规来制定符合自身实际的经费管理办法，确保经费管理工作有法可依、有章可循。另一方面，制定完善的经费管理组织保障机制，构建集“经费、预算以及验收”于一体的科研费用管理模式。通过科研项目管理人员与财务人员对接，相互配合，提高项目经费管理的实效性。例如，可以让专业的财务顾问参与科研项目全过程，从而确保科研项目与经费管理无缝对接、有效融合。在科研预算编制、经费保障及项目结题审计过程中，财务顾问全程参与，有效提高了科研预算编制的合理性，使得预算执行更加规范，结题审计合规性越发增强，进一步推动了科学技术的创新。

3. 构建完善高效的业务保障系统

在科研项目管理工作中，事业单位应积极搭建与政府科技项目管理信息平台对接的子系统，突破管理系统间存在的壁垒，有效整合各系统中的相关信息，构建共享互通的数据库。在出现新增科研项目时，直接由项目负责人在系统中进行统一填报，确保信息对接一次到位，实现“一次填报，多头调用”的目的，尽可能减少填报工作对科研项目的干扰。同时，数据库应设有查询入口，方便科研人员、管理人员及审核人员等主体对科研项目的进展、成果进行实时查询。此外，还可建立科研项目评估动态监管系统，积极对接第三方评估机构，掌握评估内容、熟悉评估流程，从而为自身科研项目的评估提供有效的先期指导，这也有助于科研项目人员自查自纠。在评估监控系统的构建过程中，还应注重长期思维、分类思维的引进。立足科研项目特点，依据科研所要达到的具体目的，科学合理设置评价目标，有效分解、细化评价指标，对不符合要求的指标要进行灵活调整。构建健全的评价指标体系，为真实反映出科研项目所取得的成果，评价指标应包含成果转化效益、发展能力等指标，以此来促进科研与市场无缝对接，激励科研成果转化；将科研人员能力、队伍整体水平等纳入评价体系中，分类进行评价。针对科研项目负责人的评估应把重点放在申报、立项、进度把控、经费管理等方面。

4 建立全过程风险防范体系

为进一步做好科研项目质量管理工作，就必须在项目管理流程中进行明确规定，设立专门的质量监管小组，对科研项目进行动态监管，制定完善的项目研发定期通报机制和基础资料管理机制。首先，在项目运行过程中要不断总结问题和经验，并在每个周期内向相关部门递交项目报告，上报科研项目进度；还要加快信息化建设，推动科研项目管理向智能化、信息化发展。其次，加强科研过程质量验收，明确项目质量管理的时间。考虑到科研项目作为一项长期且系统的工程，质量抽查不宜过于频繁，建议以每季度定期检查为主并及时对抽查结果进行反馈。当发现项目质量指标出现问题时，质管小组可以要求研发部门对项目过程进行核对，严重时还可停止项目进程。最后，制定符合科研项目特点的质量控制指标，建立科学的验收机制，通过先进的检验方法对科研项目进行验收。

（三）中期管理

提高项目完成质量，使得科研项目得到良好的、持续性的发展。

1. 加强科研项目中期管理的重要性

随着科学技术和生产力的不断发展，科研领域的竞争也日趋激烈。加强科研项目的中期管理，有利于提高科研项目的核心竞争力，有利于提高整个科研项目的质量，有利于提高科研协作的组织管理水平和科研人员的素质。

2. 科研项目中期管理存在的问题

（1）科研项目成果和效益评定缺乏技术标准

在科研项目的立项、鉴定、评审和决策过程当中，科研专家成为每个过程的重要决策者。而专家总是在“专家”和“科研人员”的角色之间转换，所以其决策带有人情色彩，缺乏技术标准。

（2）科研组织实力分散，缺乏联合攻关意识

地方科研组织实力比较分散，其科研团队建设比较差，也缺乏行之有效的管理机制和手段。这降低了科研组织的整体实力，阻碍了科研组织对较高水平科研项目的追求。科研组织的科研水平停留在分散化、个人化的层次上，限制了重大科研成果的产生，也限制了科研组织的有效发展。

四、科研项目管理主要风险点

科研事业单位的科研项目管理主要风险点在项目不同阶段存在不同的风险点，具体如下。

（一）项目立项的主要风险点

1. 项目申请书编写。项目申请书编写不规范，编写人员专业性不足，导致项目申请书缺乏科学性，申请书编写流于形式。

2. 项目决策审核。评审人员缺乏专业性，经验不足，评审机制建立不合理，导致项目决策评审结果不科学。

3. 项目预算申报。预算编制程序不规范，缺乏预算编制审批机制，相关部门之间缺乏有效沟通和信息传递。同时，由于项目负责人对市场行情、资源采购或财务管理等事项了解不深入，导致申报项目时预算编制不科学、不合理。

（二）项目实施的主要风险点

1. 项目经费来源。项目经费来源主要包括国家各部门财政的纵向资金、社会企业的横向资金及自筹资金，其中横向资金和自筹资金成本风险较高。

2. 项目经费使用。因国内或国外市场行情变化，导致实验设备、器材及试剂等物价上涨，成本支出加大，造成经费不足而影响项目进展。同时，由于项目相关人员缺乏财务知识，导致项目经费使用不合理。

3. 项目进度与质量。项目申报时“挂名”现象普遍，项目成员临时组建，许多高级职称人员仅起到挂名作用，科研人员协作性差。由此导致项目立项后，研究进程推进缓慢、资源浪费及创新性不足等问题，不能按期高质量完成项目检查。

4. 重要事项变更。项目开展过程中，研究目标、研究内容、研究期限、经费预算、成员调整等重要事项变更时，项目负责人未按照规定进行书面申报，而是自行调整，由此影响研究进程与质量。

（三）结题验收的主要风险点

1. 项目验收流程。项目验收流程流于形式，验收专家小组对项目结果的真实性、科学性关注不够。

2. 验收专家构成。验收专家成员结构不合理，如专家构成过于单一、缺乏熟悉财务及管理方面的专家、相关专家非本项目研究领域人员等。

（四）成果管理的主要风险点

1. 成果转化与应用。科研成果转化形式选择不当，处置方式不合理，影响科研事业单位及研究团队/人员的合法权益。

2. 成果档案。未建立成果档案管理制度，未对成果进行登记管理，未对档案进行集中保管，这都不利于日后查阅、检查。

五、科研项目管理内部控制措施

（一）项目立项的控制措施

1. 加强申报门槛限制，对于尚未结题的科研项目负责人，不允许其申报其他科研项目。如果是主观原因导致项目被撤销的，其在 1 至 3 年内不得申报任何科研项目。

2. 加强项目评审，对研究目标、研究计划、项目预算等内容的科学性、可行性进行严格审核，确保项目有充分的立项依据。

3. 加强立项环节财务审核，财务人员及时审核各科研项目经费预算合理性，发现问题及时沟通并修改完善。同时，加强对科研团队/人员的财务培训，促使科研经费预算申报、使用更加合理。

（二）项目实施的控制措施

1. 改变项目拨款方式，改为分期拨款或根据项目研究阶段分期拨款，拨款前增加中期检查环节，审查项目前一个研究阶段进展情况，是否有预期成果产出。如中期检查不合格，则暂停项目经费拨款。立项部门如是一次性拨付的，承担单位可以通过财务管控的方式进行分期拨付，对不良项目经费可以通过冻结方式进行管控。

2. 鼓励项目研究团队固定化，对有长期合作关系或者良好科研业绩的科研团队，在科研项目立项上应予以倾斜，并在经费上予以重点扶持，一方面，可以保障项目团队协作性；另一方面，在项目负责人因故不能主持研究时，可以保证其他骨干成员能够暂时代替。同时，探索建立科研项目结果阴性机制，确保科研项目研究内在动力，而非趋于功利因素。

3. 建立重要事项变更申报制度，凡涉及研究目标、研究内容、研究期限、经费预算、成员调整等重要变更事项时，项目负责人应按相关要求提出书面报告，经科研管理部门同意，上报项目主管部门批准后方可调整。

（三）结题验收的控制措施

1. 完善科研项目结题验收制度，提高评审标准，优化评审流程，对不能按时结题或者无相关科研成果产出立项项目，视为无效课题。

2. 优化验收专家小组结构，专家小组成员应由熟悉专业技术、经济、管理等方面的专家组成，一般由 3～5 人组成（其中至少有 1～2 名财务专家）。同时，提高参评专家门槛，例如相关专家应具备高级职称满 2 年，主持过省级及以上课题，担任硕士、博士生导师或者有参与硕士、博士研究生答辩经验的，为省级及以上科研项目评审专家等。

（四）成果管理的控制措施

1. 加强科研成果转化与应用，通过设立专业部门或引入外部专家从成果披露开始介入，经过成果评估、知识产权保护、选择合适转化方式等，最终帮助科研团队/人员完成科研成果的转化落地，并强化推广应用。

2. 建立健全科研成果登记管理机制，加强档案管理。明确成果管理岗位职责和流程，在完成科研成果鉴定后，及时进行登记记录、成果资料归档与装订。

第十二章 科研事业单位内部控制监督检查

科研事业单位内部控制的监督是对内部控制建立与实施情况进行监督检查。科研事业单位应当健全监督制度，明确各相关部门或岗位在监督中的职责权限，规定监督的程序和要求，确保监督检查工作有效开展。按照实施监督的主体不同，监督可以分为内部监督和外部监督。

一、内部监督

内部监督是单位内部有关部门对内部控制建立与实施情况进行监督检查，评价内部控制的有效性，对于发现的内部控制缺陷，及时加以改进。行政事业单位内部监督与作为内部控制五要素的内部监督既有联系又有区别，共同点是它们都是实施内部控制的重要保证，是对内部控制的控制；不同点是此处的内部监督主要用于区别外部监督，而非作为内部控制五要素结构的专有名词。在企业的内部控制理论中，监督这一部分是不存在外部监督的，而行政事业单位由于所有者缺位，所以需要引进外部监督，这时内部监督只是相对于外部监督而存在。根据《内部审计基本准则》(中内协发〔2003〕20 号)的规定，内部审计是指组织内部的一种独立客观的监督和评价活动，它通过审查和评价经营活动及内部控制的适当性、合法性和有效性来促进组织目标的实现。内部审计能间接或直接纠正内部控制的偏差，促进内部控制的完善。

从五要素的角度来说，内部审计监督是行政事业单位内部控制中控制环境要素的范围，是行政事业单位内部控制自我独立评价的一种活动。从某种程度上来说，内部审计本身就是一种控制，它按照内部控制要求，通过内部控制制度为其制定的审计程序和方法及要完成的任务、达到的目标，协助组织最高管理者监督内部控制政策和程序的有效性，为改进内部控制提供建设性意见。由此可见，内部审计监督是提高行政事业单位管理效率和效果的重要途径，也是改进行政事业部门内部控制的重要手段，更是实现行政事业单位自我约束的重要方式，是行政事业单位的免疫系统或防火墙。因此，行政事业单位应在单位内部对内部控制进行审计监督。如《单位内部控制规范》第六十条第一款规定："单位应当建立健全内部监督制度，明确各相关部门或岗位在内部监督中的职责权限，规定内部监督的程序和要求，对内部控制建立与实施情况进行内部监督检查和自我评价。"

（一）内部审计监督的实施主体

内部审计监督的实施主体，见表12-1。

表12-1　内部审计监督的实施主体

内部审计部门	一般应为内部审计部门，也可以成立内部监督联合工作小组来履行相应职能
纪检监察部门	纪检监察部门是负责单位党风廉政建设和行使行政监察权力的职能部门，它能够从"管人"的角度对参与到经济活动各项业务的内部控制和内部控制的各个环节之中的相关工作人员进行监督
单位领导层	内部审计部门和纪检监察部门是内部审计监督的具体实施部门，负责内部审计监督的具体组织实施工作，该部门对领导层负责
财务部门和内部各相关部门	这些部门要积极配合审计监督部门开展审计监督工作，包括按照要求提交财务报告、内部控制自我评价报告，协助审计监督人员开展必要的测试活动

（二）内部审计监督的实施方式

根据监督实施对象的不同，行政事业单位内部控制的内部监督可分为例行监督和专项监督。其中，例行监督是指对建立和实施内部控制的情况进行常规的监督检查；专项监督是指在单位组织结构、经济活动、业务流程、关键岗位员工发生较大调整或变化的情况下，对单位内部控制的某一方面或某些方面进行的有针对性的监督检查。由于行政事业单位内部控制体系是一个整体，且内部控制体系的各组成部分要相互配合才能发挥作用，行政事业单位必须结合例行监督和专项监督，完成对行政事业单位内部控制有效性的监督。

按照监督实施时间的不同，内部审计监督可分为事前监督、事中监督和事后监督。其中，事前监督是指为了防范风险事件的发生而对单位将要发生的经济活动进行的监督检查；事中监督是指为了将风险事件控制在萌芽状态而对单位正在发生的经济活动进行监督检查；事后监督则是为了纠正错误和处理危机对单位已经发生的经济活动进行的监督检查。从监督检查的效果来看，事后监督不如事中监督，事中监督不如事前监督。三种内部审计监督方法互相补充、相互配合，行政事业单位在实务操作中，应结合具体情况，综合运用这三种方法。

此外，按照监督检查实施期限的不同，内部监督还可以分为定期监督和不定期监督；按照审计监督检查价值取向的不同，内部审计监督可以分为合规性监督和合理性监督；等等。这些不同的监督方式，共同构成了一个有效的内部监督方式体系，满足了不同层次和不同种类的监督活动的需要，为实现行政事业单位内部监督目的提供了有力保障，行政事业单位在实践中要根据自身实际情况，灵活运用不同监督实施方式。

（三）内部审计监督的内容

内部审计监督的内容是建立和实施内部审计监督机制的前提和基础。根据我国科研事业单位的特点，单位内部审计监督划分为单位层面和业务层面，具体见表 12-2。

表 12-2 内部审计监督的具体内容

内部审计监督层面	具体内容
单位层面	1. 单位经济活动的决策、执行和监督是否实现有效分离；权责是否对等；议事决策机制是否建立；重大经济事项的认定标准是否确定并一贯地执行。 2. 内部管理制度是否符合国家有关规定尤其是国家明确的标准、范围和程序；内部管理制度是否符合本单位实际情况。 3. 授权审批的权限范围、审批程序和相关责任是否明确；授权审批手续是否健全；是否存在未经授权审批就办理业务的情形；是否存在越权审批、随意审批的情况。 4. 岗位责任制是否建立并得到落实；关键岗位轮岗制度是否建立或采取了替代措施，是否存在不相容岗位混岗的现象。 5. 内部控制关键岗位工作人员是否具备与其工作岗位相适应的资格和能力。 6. 现代科学技术手段的运用和管理情况等
业务层面	1. 预算业务方面：预算编制、预算执行、资产管理、基建管理、人事管理等部门之间的沟通协调机制是否建立并得到有效执行；预算执行分析机制是否建立并得到有效执行；预算与决算相互映衬、相互促进的机制是否建立并得到有效执行；全过程的预算绩效管理机制是否建立并得到有效执行。 2. 收支业务方面：收支是否实施归口管理并得到有效执行；印章和票据的使用、保管是否存在漏洞；相关凭证的审核是否符合要求；定期检查的机制是否建立并得到有效执行等。 3. 政府采购业务方面：政府采购活动是否实施归口管理并得到有效执行；政府采购部门与财会、资产管理等部门之间是否建立沟通协调机制并得到有效执行； 政府采购申请的审核是否严格；验收制度是否建立并得到有效执行；是否妥善保管政府采购业务相关资料等。 4. 资产管理方面：各类资产是否实施归口管理并得到有效执行；是否按规定建立资产记录、实物保管、定期盘点和账实核对等财产保护控制措施并得到有效执行。 5. 建设项目管理方面：与建设项目相关的议事决策机制和审核机制是否建立并得到有效执行；是否对项目投资实施有效控制；项目设计变更是否履行相应的审批程序；工程款项的支付是否符合有关要求；是否按规定办理竣工决算、组织竣工决算审计；相关资产是否及时入账等。 6. 合同管理方面：是否对合同实施归口管理并得到有效执行；合同订立的范围和条件是否明确；对合同履行情况是否实施了有效监控；合同登记制度是否建立并得到有效执行；合同纠纷协调机制是否建立并得到有效执行等

（四）内部审计监督的程序

通常来说，行政事业单位内部控制的内部审计监督应该经过制定监督检查工作方案、实施监督检查、报告与整改等步骤。

1. 制定监督检查工作方案

监督检查工作方案应当明确检查的依据、范围、内容、方式、实施计划、人员构成等相关内容，该方案应当经过单位负责人的批准。

2. 实施监督检查

首先，应当获取与内部控制的建立相关的文件和资料，通过查阅相关文件和资料，了解内部控制在建立上是否覆盖了单位的全面经济活动，是否符合单位的实际情况，是否对风险点选择了恰当的控制措施，以及以前发生的问题是否及时采取措施整改等。

其次，根据了解的经济活动业务流程，确定监督检查的范围和重点，开展现场检查测试。根据单位实际情况，综合运用包括个别访谈法、实地观察法、证据检查法、重新执行法、穿行测试法等在内的各种检查方法，对内部控制建立和执行的有效性进行测试，记录测试结果，分析查找内部控制缺陷。

3. 报告与整改

对于在监督检查过程中发现的内部控制缺陷，内部审计部门的工作人员要遵循客观、公平、公正的原则，如实反映检查测试中发现的问题，并及时与相关业务部门沟通，分析缺陷的性质和产生的原因，提出整改方案。监督检查的结果和改进建议应当经过相关工作人员的复核和验证，并采取适当的形式及时向单位领导报告。此外，单位也要积极跟踪内部控制缺陷的整改情况，并就内部监督中发现的重大缺陷，追究相关责任单位或者责任人的责任。

在实践中，行政事业单位负责人通常应当指定内部审计部门在执行监督检查的基础上，负责对单位内部控制的有效性进行评价并出具单位内部控制自我评价报告。内部审计部门在实施监督检查、分析查找内部控制缺陷后，应当对内部控制的有效性进行评价，提出内部控制改进意见和建议，并出具单位内部控制自我评价报告。

二、外部监督

科研事业单位内部控制的有效运行除了自身的内部审计监督之外，还需要将国家审计监督作为一种外部监督，形成一个审计监督链条，对行政事业单位内部控制的建立有效性和执行有效性的状况进行监督和评价。

国家审计监督对行政事业单位内部控制有重要意义。从理论上讲，源于公共受托责任的国家审计监督有义务按照国家的法律法规和政府审计准则，对科研事业单位履行公共责任，对其配置、管理和利用公共资源的有效性、合理性、科学性进行审查、分析、考量和评价，以促进经济社会全面协调、持续高效的目标得以实现。从审计监督实践来看，国家审计机关对行政事业单位内部控制的关注，有利于节约审计资源，提高审计效率，将有限的审计资源集中在内部控制薄弱的环节。

从国际习惯来看，国家审计机关是行政事业单位内部控制完善的重要推动力量，内部控制的完善也逐渐成为国家审计机关的重要责任。1992年，最高审计机关国际组织就曾首次颁布《内部控制准则指南》，认为政府部门内部控制的责任主体是政府部门管理层和最高审计机关。2004 年，最高审计机关在总结各个成员国经验的基础上修改了政府部门内部控制责任范围，明确了各主体的内部控制责任，指出，“最高审计机关在财务审计、合法性审计和绩效审计中，通过测评内部控制，证实内部控制执行效果，向政府部门利害关系人沟通内部控制评价发现的问题及其改进建议，促进政府部门执行内部控制”。在我国，审计署令第 5 号曾颁布《审计机关内部控制评价准则》，由此对政府审计工作中内部控制的测评工作进行了规范，并通过这一准则积极推动政府部门内部控制的建立和有效执行。

因此，国家审计监督是科研事业单位内部控制接受外部监督的重要一环，单位应当加强对国家审计监督的了解，自觉依法接受来自外部的监督检查。

目前，对行政事业单位实施外部审计监督的主体主要包括财政部门、审计机关、纪检监察部门。

1. 财政部门

财政部门包括国务院财政部门及其源出机构和县以上各级人民政府财政部。依据国家相关法律法规，各级财政部门应当对行政事业单位内部控制落实情况进行监督检查。例如，《单位内部控制规范》第六十四条第一款规定“国务院财政部门及其派出机构和县级以上地方各级人民政府财政部门应当对内部控制的建立和实施情况进行监督检查，有针对性地提出检查意见和建议，并督促单位进行整改”。《财政部门监督办法》(财政部令第69号)规定，“县级以上人民政府财政部门依法对单位和个人涉及财政、财务、会计等事项实施监督”。

一般而言，财政部门实施监督的方式可分为专项监督和日常监督两种。其中，专项监督是由财政部门专职监督机构实施的监督，例如，财政部驻各地监察专员办事处对行政事业单位开展的内部控制监督检查工作；日常监督是指由财政部门业务管理机构在履行财政、财务、会计等管理职责过程中实施的监督，如会计管理机构对行政事业单位开展的内部控制监督检查工作。在实践中，财政部门可以将专项检查和日常管理工作相结合，例如，财政部驻各地监察专员办事处对行政事业单位实施综合财政监管，但在开展经费支出业务专项检查时，对被检查单位内部控制情况进行检查。财政部门应当对监督检查中发现的问题提出有针对性的意见和建议，并督促被检查单位根据检查意见和建议进行整改，以便进一步健全被检查单位的内部控制体系。

2. 审计机关

审计机关包括国务院审计机关及其派出机构和县级以上地方各级人民政府审计机关。作为法定的审计机构，审计机关应当依法对行政事业单位内部控制实施审计监督。如《单位内部控制规范》第六十四条第二款的规定："国务院审计机关及其派出机构和县级以上地方各级人民政府审计机关对单位进行审计时，应当调查了解单位内部控制建立和实施的有效性，揭示相关内部控制的缺陷，有针对性地提出审计处理意见和建议，并督促单位进行整改。"

3. 纪检监察部门

科研事业单位内部控制的一个重要目标是有效防范舞弊和预防腐败，建立健全内部控制是行政事业单位防范舞弊和预防腐败的有效手段。作为负责单位党风廉政建设和行使行政监察权力的部门，纪检监察部门应该在对行政事业单位开展纪检监察的过程中，对其内部控制的建立和实施情况进行监督检查，并将单位内部控制的建立和实施情况作为对单位领导干部考核的内容之一，以便进一步提升行政事业单位开展内部控制建设的积极性和主动性，同时通过加强内部控制，扎实推进惩治和预防腐败体系的建设。

第十三章 科研事业单位内部控制评价与内部控制报告

一、科研事业单位内部控制实施

（一）科研事业单位内部控制背景

2015 年财政部制定发布了《关于全面推进行政事业单位内部控制建设的指导意见》（财会〔2015〕24 号），旨在将党的十八届四中全会作出的“对财政资金分配使用、国有资产监管、政府投资、政府采购、公共资源转让、公共工程建设等权力集中的部门和岗位实行分事行权、分岗设权、分级授权，定期轮岗，强化内部流程控制，防止权力滥用”的决策部署进行深入贯彻落实。此规定建立了单位内部控制建设年度报告制度，并将其纳入单位决算报告体系，推进全国各级各类行政事业单位于 2016 年底前建成并有效实施内部控制，标志着国内行政事业单位内部控制建设体系初步建成。

2017 年财政部发布《行政事业单位内部控制报告管理制度（试行）》（财会〔2017〕1 号），在《指导意见》的基础上对行政事业单位内部控制制度的建立与实施加以完善，标志着我国行政事业单位内部控制报告管理制度成为常态化工作。

按照国务院“放、管、服”改革的相关要求，财政部网站在 2020 年发布消息：将进一步简化、优化内部控制报告格式和内容，切实提高内部控制报告的针对性和实效性，标志着我国包括科研事业单位在内的单位内部控制工作监督评价体系取得新进展。

科研事业单位内部控制监督检查是对内部控制建立与实施情况进行监督检查。科研事业单位应当建立健全监督制度，明确各相关部门或岗位在监督中的职责权限，规定监督的程序和要求，确保监督检查工作有效开展。按照实施监督的主体不同，监督可以分为内部监督和外部监督。

（二）行政事业单位内部控制实施存在的问题

行政事业单位内部控制实施存在的问题，见表 13-1。

表 13-1　行政事业单位内部控制实施存在的问题

存在问题	具体内容
单位内部控制重视程度欠缺	尚未高度重视内部控制工作，内部控制建设与执行存在与现实脱节的“两张皮”情况，各部门间缺乏约束力，导致内部控制监督评价无法对被评价部门产生实际影响
单位信息化建设落后	未在招投标时纳入招投标条件，极易形成信息系统壁垒，也造成单位整体信息化建设有待统一，从而导致内部控制监督评价成本增加，进而降低工作效率
单位内部控制专业人才缺乏	内部控制专业人才数量较少、知识储备不健全。缺乏持续培训和宣传，使得相关实际执行人员内部控制意识薄弱，导致制度实施不到位
业务流程与内部控制结合不紧密	预算业务管理不到位。业务部门填报预算人员缺乏基础预算编制知识，对于经济支出分类的理解不到位，造成支出与实际不符。绩效评价目标设置不合理，对于资金使用效果无法进行科学合理的测评，造成资金执行效果不到位。预算控制与执行力度不够
业务流程与内部控制结合不紧密	国有资产业务管理需改善。未健全资产共享平台，导致资产重复采购，造成资金浪费。资产盘点不到位，导致实际使用部门和原资产登记部门账实不符，实际可使用资产和资产台账登记明细不符。资产报废随意，缺乏客观、科学、合理的评估

二、科研事业单位内部控制评价

（一）科研事业单位内部控制评价的实施背景

科研事业单位内部控制评价，因涉及科研事业单位自身多重复杂问题，故需构建相应完备的理论体系，以数字智能技术为主要科技运行方式，构建与完善评价机制。上级主管机构要通过对内部控制制度执行有效性进行评价，进而发现其中存在的问题，促使科研事业单位内部控制制度规范化。还要构建完备有效的监督机制，加大力度惩治腐败。

（二）科研事业单位内部控制评价的现状

1. 缺乏有效外部审计监督

科研事业单位，往往对上级政府部门审计等外部审计监督评价形成路径依赖，一旦外部审计监督力度不够，深度不到位，部署不及时，就要从利用内部自我评价来弥补外部力度的不足，内部控制自我评价成为内部监督的必然选择。通过资金管控能力强化等措施，可以及时发现内部控制的问题并加以整改；同时为外部审计监督提供基础信息，减少审计成本，提升审计效率。

2. 单位自身缺乏积极主动性

现实工作中，很多科研事业单位缺乏内部控制评价的积极主动性，但内部控制评价作为单位内控管理的重要环节，是科研事业单位提升内控管理水平的重要步骤，科研事业单位应加强内部控制评价的体系建设，增强主动性。

3. 单位内控评价报告不透明

一直以来，很多科研事业单位不会主动公示单位内控评价报告。一方面，出于单位内部的保密，特别是重大科研项目机密特殊性的考量；另一方面，科研事业单位自身大多不属于国家政府行政机关，后者有《政府信息公开制度》的硬性规定。但是公开内控评价结果能够提升相关单位的内控工作机制，还能够强化审计监督作用，从而增强内部审计的积极性和主动性。

4. 整改措施不到位

对于报告提出的整改意见，很多科研事业单位未能及时重视并按要求进行整改方案的制定及实施。可能只是面上整改，并没有深入具体措施，也没有长效后续的方案。外审机构无法做到长期驻扎在科研事业单位，但内部控制评价及监督可以做到事前监督和事中控制，并与事后完善相结合，更能杜绝源头发生问题。

（三）行政事业单位内控评价体系的实施

如图 13-1 所示，行政事业单位内部控制评价体系的实施主要包括实施主体、实施时间、实施过程三个方面。

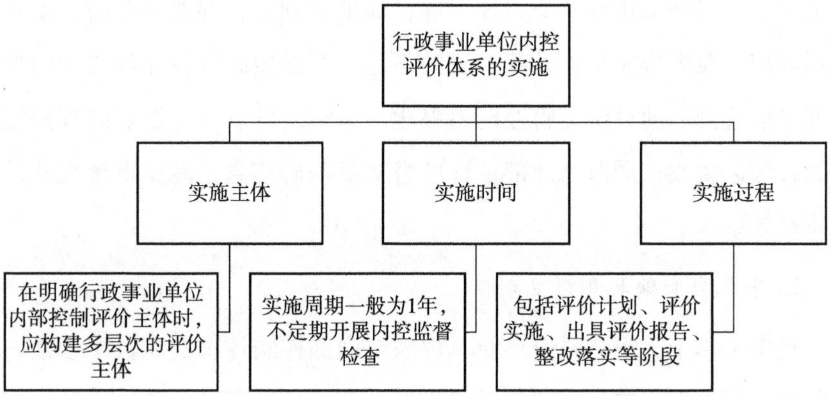

图 13-1　行政事业单位内部控制评价体系

实施主体即构建多元化、多层次评价主体，由科研事业单位及其上级单位、行业监管机构、外部机构及大众等进行监督和评价，各方有效结合共同构成评价主体。通常以 1 年为一个实施周期，同时还要在其他时间进行不定期内控监督检查。实施过程，就是行政事业单位的内部控制评价各阶段。重点在于评价实施阶段，这一阶段必须清楚掌握被评价单位的具体信息，明确评价的重难点并实施评价。①

① 包仁杰．行政事业单位内部控制评价探究[J]．行政事业资产与财务，2021(19)．

三、科研事业单位内部控制报告

根据《财政部关于全面推进行政事业单位内部控制建设的指导意见》和《行政事业单位内部控制报告管理制度(试行)》的有关要求，财政部要求各事业单位对单位当年开展的内部控制工作进行自我评价，并结合事业单位实际情况，编报单位的内部控制报告，以期各事业单位通过此项工作，查找自身的不足，补齐短板，进一步明晰工作方向和关键点，从而控制和降低本单位经济活动的风险。内部控制报告的编报工作涉及各业务部门，工作量大且烦琐。需要单位加强组织领导，并做好相应的宣传工作。让每个员工意识到内部控制业务需要人人参与并积极配合，才能提高内部控制报告的编制质量。科研事业单位也可以通过内部控制报告评价结果，发现单位运行中的风险，及时解决风险，保证单位规范有序地运行。①

科研事业单位内部控制报告编报存在的问题

1. 全员参与度不高，编报基础不牢固

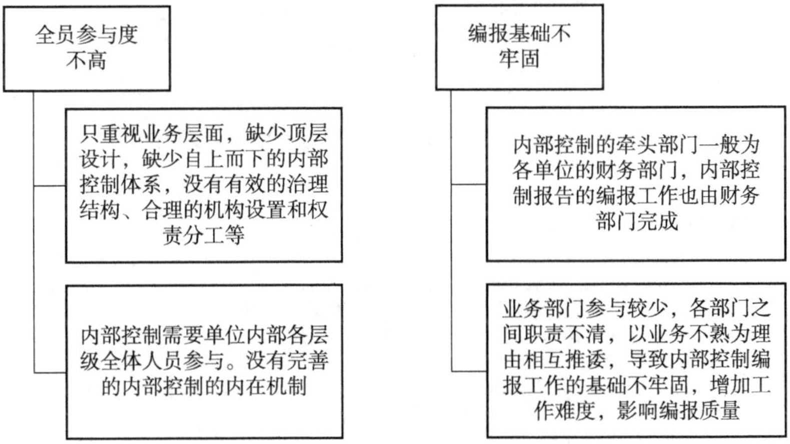

图 13-2　全员参与度不高，编报基础不牢固存在的问题

① 朱璟璐．行政事业单位内部控制报告编报问题及对策研究[J]．行政事业资产与财务，2021(6)．

2. 内控宣传不到位，工作积极性不高

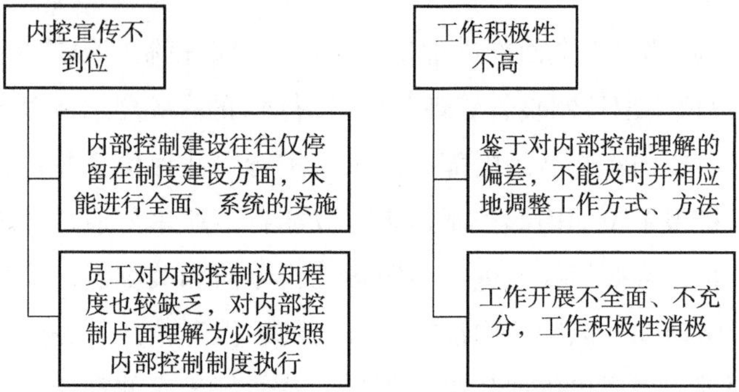

图 13-3　内控宣传不到位，工作积极性不高造成的问题

3. 信息化系统不完善，工作效率低缓

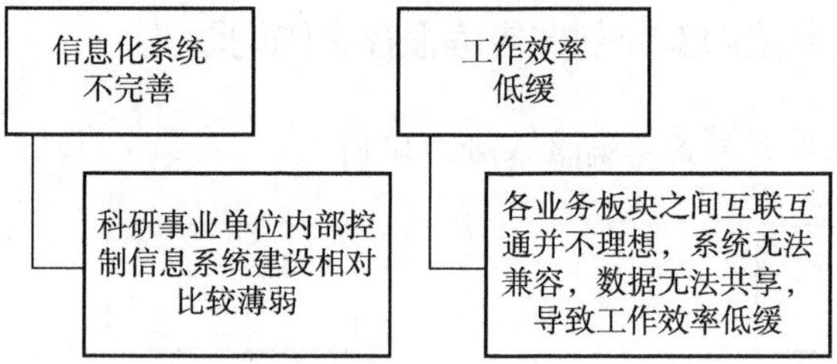

图 13-4　信息化系统不完善，工作效率低缓造成的问题

4. 关键岗位配备不合理，管理不到位

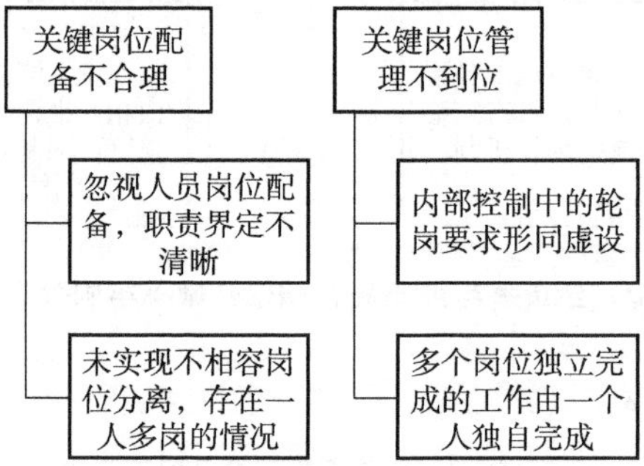

图 13-5　关键岗位配备不合理，管理不到位带来的问题

5. 未定期开展风险评估，监督检查机制不健全

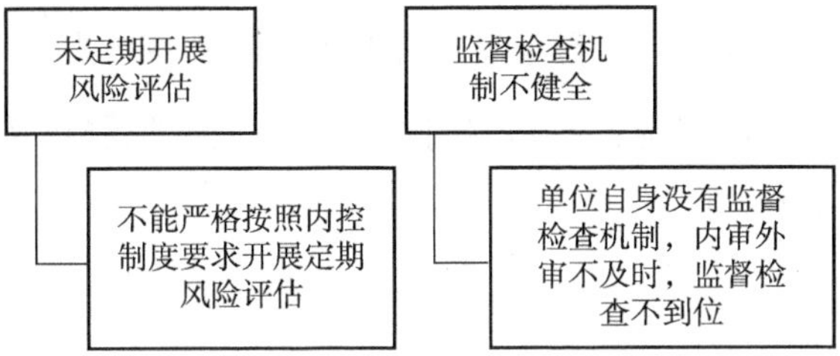

图 13-6　未定期开展风险评估，监督检查机制不健全带来的问题

四、科研事业单位内部控制运行维护

（一）建设内控信息系统的重要意义

内部控制信息系统建设是科研事业单位构建新型内部控制体系的重要组成部分，是有效实现内部控制从“人防”到“技防”，打造数字智能化内部控制信息化系统，践行习近平总书记法治思想，有效全面推进依法治国，实现政府治理体系和治理能力现代化的应有之义。

如图 13-7 所示，单位内部控制信息系统就是集成了预算管理、收支管理、合同管理、资产管理、科研项目管理和采购项目管理等系统功能，并组合形成闭环的管理数字智能化体系。

图 13-7　单位内部控制信息系统

（二）内控信息系统运用现状、主要问题及总体建议

1. 运用现状

随着数字智能化信息技术在各科研事业单位的广泛应用，内部控制信

息系统的开发和使用是科研事业单位必须开展的工作任务。就当下而言，科研事业单位大多使用的是上级主管部委和财政部统一要求的财务系统软件，对内部控制信息化全员参与程度普遍不高。在落实归口管理、分级授权审批、预算和会计控制、不相容岗位制衡等内部控制体系的构建方面，其信息化程度相对滞后。

2. 主要问题

内部控制信息系统运用存在的主要问题，见表13-2。

表13-2 内部控制信息系统运用存在的主要问题

存在问题	具体情形
缺乏统筹规划和前瞻设计	科研单位业务财务工作融合度差，管理和使用效率低下，信息化手段无法实现权力制衡和风险防控
单位信息系统缺乏统一整合利用	存在重复建设问题，彼此不对接、不联通，协同程度低，出现信息孤岛或真空区域
系统使用管理制度不健全	审批流程和审批权限缺乏科学合理的设置，系统数据和信息不够准确完整、规范及时，存在未经授权非法在系统中处理业务，恶意获取、篡改、泄露他人或单位重要信息的现象
信息系统的业务规则陈旧	信息系统未能及时进行调整更新；系统运维和安全管理缺乏保障，未建立信息安全管理体系，存在信息毁损风险

3. 总体建议

（1）要对科研事业单位经济活动各环节信息化程度开展全面评估，在兼顾成本效益的基础上，科学合理地进行统筹规划、进行有效有序的开发运用。

（2）内部控制信息系统建设要紧密联系科研事业单位内控需求，以内部控制核心业务为抓手，要确保重点支出、大额支出在线运行监控；系统建设规划时要提前为其他系统预留接口，更好交互共享信息数据。

（3）对审批流程进行优化，保障审批流程不重复不遗漏；对授权审批严格规范，特别是临时授权和授权期限的规范化；完善规范操作，精准输入信息和数据，经办人必须对信息真实性负责；实现操作留痕，落实申请和审批责任。

（4）高度重视系统日常运维和安全管理，系统数据做到定期备份、建章立制，对信息系统安全的各项责任明确追究，进而确保科研事业单位内控信息系统的使用高效安全。

第十四章
科研事业单位内部控制手册编写与实施

一、内部控制手册编写原则

（1）依法合规。依法合规是科研事业单位内部控制建设工作遵循的最基本原则，也是贯穿内部控制手册编写的基本纲领性原则。

（2）全面覆盖。内部控制手册的内容应当贯穿科研事业单位日常工作和开展科研项目等决策、执行和监督全过程，包括科研事业单位全部业务和事项，力争全覆盖。

（3）重点突出。内部控制手册的内容应当突出科研事业单位的重点内部控制点，针对重要科研项目及相关风险加强内部控制，突出其重要性。

（4）业务引领。内部控制手册建设应当与科研事业单位的发展运作融为一体，既具备可操作性，又能发挥引领监督功能。

二、内部控制手册编写要点

（一）内控手册编写的基本要求

科研事业单位内部控制手册的编写要将管理制度化和制度流程化有机统一，就是指流程建设必须以制度为依据，二者必须保持一致，如果制度修订则流程必须同步修订。还要把制度变成流程，做到显性化和可视化。

此外，要对工作流程和岗位职责进行明确，权力和责任必须进流程、到部门、到岗位、到个人。确保不相容岗位或职责，如审批和执行，执行和监督，资产的实物保管和账务处理等的分离。

最终形成内部控制手册呈现出职责表单化。表单信息化是指把表单做成信息化表格，每一个环节的工作人员填写完毕之后，点击确认就可以按照信息系统设定的审批流程传递给下一环节处理。履行职责尽量要形成表单资料，留下痕迹，也就能够明确责任，通过追究责任的压力促进内部控制的有效实施。

（二）标识关键控制点

关键控制环节对于流程图而言至关重要，在流程图中要加以标识同时进行编号。内部控制体系建设要遵循重点突出原则，关键控制点作为流程的重中之重，应予以特别关注。

（三）审批分工兼顾全面

除了纵向审批，还要兼顾横向牵制。流程图最后体现为纵向审批和横向牵制的统一体。注意科研事业单位业务线条的审批，同时兼顾单位各层级领导的审批。

（四）结合业务实际逐层分解流程图

流程图绘制要结合业务实际进行分级，综合考虑其复杂难易程度，某项业务特别重要就多分几级，不太重要就少分几级。一级流程可以分为二级流程，二级流程可以细分为三级流程，三级流程可以有四级流程，以此顺序类推。

（五）流程描述要点

流程描述的要素要齐全，主要包括：谁，在什么时间，按照什么标准，做了什么，取得什么成果等基本要素。具体来说，流程描述要全面，在一个业务活动中的所有子流程，以及流程步骤都要进行描述，并且要描述出来流程中的业务活动是怎样从头至尾开展的，每一个关键文件是怎样产生的？有什么作用？谁在流程记录的活动中，做了什么？流程产生了什么报告？每份报告交给谁审核或参考？流程活动产生了什么证据？交易活动多长时间发生一次？每天？每周？每月？文件备份或者数据库是怎样维护和更新的？应该包括所有流程步骤，而不单单记录了流程中的控制活动。

三、内部控制手册编写模板

第一部分是术语和定义。根据术语和定义判定各类业务是否可以纳入本流程管理范畴。类似于会计准则开头一定会写出本准则适用于什么情况，什么情况下不属于本准则规定。

第二部分是控制目标。虽然具体操作人员没有控制目标也可以完成工作，但是内部控制每年要进行评价并出具报告，评价依据就是控制目标有没有实现。还有就是单位领导不会关注细节，就是要看控制目标有没有实现。

第三部分是职责分工。对于操作手册的每一个章节，都要把所涉及业务的职责分工写清楚，这是绘制流程图的重要依据。比如绘制流程图时按照跨职能流程图（VISIO）进行绘制，职责分工是把某项职能分配给哪个部门或岗位来实施的依据。

第四部分是所属章节涉及业务的主要风险。

第五部分是针对第四部分风险的控制措施。

第六部分是流程图，本书给出了各类流程的模板（扫描前勒口二维码获取）。

第七部分是流程描述。由于流程图中很难写大量文字，仅仅阅读流程图无法把事情描述清楚，还要以文字的形式表达。

第八部分是相关制度目录。当然，也有咨询公司习惯于在操作手册中直接附上制度原文，这一点全凭咨询师偏好，笔者的习惯是让制度单独成册。这里的制度不是国家制度，而是结合国家制度制定的本单位实施细则。

第九部分是表单及检查资料，如果有可能的话要提供表单样张。

第十部分是风险控制矩阵。

参考文献

期刊：

1. 裘新智．层次分析法在评价内部控制风险中的运用[J]．经济研究导刊，2012(11)．

2. 成江萍．单位内部控制风险评估程序设计及方法探究[J]．财会学习，2019(14)．

3. 沈丽丽．风险评估程序在职工薪酬审计中的运用[J]．中国乡镇企业会计，2009(10)．

4. 欧阳桔苹．关于企业风险评估报告重点内容的探讨[J]．现代经济信息，2014(20)．

5. 章丽萍．论行政事业单位风险评估与控制方法[J]．中国集体经济，2016(21)．

6. 林熊蓉．全额拨款事业单位内控风险评估体系研究[J]．中国外资，2021(04)．

7. 陈艳芬，等．上市公司年报审计风险评估程序缺陷及对策研究[J]．中国注册会计师，2021(10)．

8. 吕宁．事业单位内部控制风险评估和控制存在的问题及优化路径[J]．中国产经，2021(09)．

9. 刘英灵．新常态经济下中小型企业风险评估程序和方法研究[J]．中国市场，2020(19)．

10. 辛思慧．事业单位内部控制问题探析——以风险评估因素为例[J]．行政事业资产与财务，2020(14)．

11. 罗井萍．“互联网”背景下高校财务内部控制方法刍议[J]．经济管理文摘，2021(03)．

12. 孙志娟．从行政事业单位内部控制角度谈不相容岗位设置[J]．中国市场，2018(03)．

13. 蒋凯渊．对落实归口管理的思考[J]．中国机构改革与管理，2021(11)．

14. 吉鹏国．论事业单位开展内部控制的方法和建议[J]．经济管理文摘，2021(05)．

15. 王秀芳．行政事业单位内部控制评价方法研究[J]．当代会计，2021(07)．

16. 张红．行政事业单位内部控制不相容岗位相互分离的探究[J]．行政事业资产与财务，2016(36)．

17. 郑志坚．行政事业单位内部会计控制思考[J]．行政事业资产与财务，2021(19)．

18. 杨威．关于行政事业单位内部控制信息系统建设的几点构想[J]．经济师，2021(01)．

19. 朱靖华．事业单位基于信息系统的内部控制建设优化研究[J]．会计师，2020(07)．

20. 邵波．事业单位财务内控体系优化与风险防范对策分析[J]．财经界，2021(33)．

21. 曹音．出版社类单位财务管理存在的常见问题及内控措施[J]．纳税，2018(20)．

22. 李春先．关于行政事业单位预算管理问题的思考[J]．大众投资指南，2021(16)．

23. 张欣玥．全面预算管理系统开发与业务流程重构——以公立医院为例[J]. 中国总会计师，2019(09).

24. 李思霖．事业单位全面预算管理及内控建设措施[J]. 行政事业资产与财务，2019(06).

25. 陈乐．政府会计准则背景下强化事业单位预算管理的管控措施[J]. 财经界，2021(34).

26. 万琳琳．行政事业单位预算业务内部控制分析[J]. 投资与合作，2020(07).

27. 张庆龙．中国首份行政事业单位内部控制实施情况白皮书(三)[J]. 会计之友，2015(15).

28. 刘晋玮．探讨COSO内部控制下的事业单位收支业务管理[J]. 财会研究，2018(05).

29. 潘乐．高职院校收支业务内部控制探析[J]. 商业会计，2018(19).

30. 荆翠英．政府投资建设项目管理特性与策划的相关探讨[J]. 经济管理文摘，2021(05).

31. 吴凌青．行政事业单位建设项目的主要风险和防控措施浅见[J]. 财经界，2016(12).

32. 蒋涛．高校建设工程项目主要风险点及其防控对策[J]. 高校后勤研究，2020(10).

33. 严励．把握关系财务信息化项目建设成败的四大关键环节[J]. 财务与会计，2020(23).

34. 陈敏洁．科研事业单位合同管理的主要问题及对策[J]. 经济师，2021(03).

35. 沈克勤．合同综合管理要抓关键环节[J]. 中国石化，2008(08).

36. 张冰玉．事业单位经济合同管理存在的问题及对策研究[J]. 经济管理文摘，2021(24).

37. 汪钦．行政事业单位合同管理：问题、风险及对策[J]. 财富生活，2021(24).

38. 王彬．内控视角下规范高校合同管理探究[J]. 会计师，2021(12).

39. 李林珊．行政事业单位内部控制问题初探[J]. 中国总会计师，2021(08).

40. 张亚斌．新形势下事业单位内控体系建设探究[J]. 全国流通经济，2019(10).

41. 季小红．内部控制与外部监督在事业单位财务控制中的联合应用研究[J]. 现代经济信息，2011(23).

42. 李佳良．论如何加强事业单位的内部控制与外部监督[J]. 会计师，2010(02).

43. 许义文．事业单位会计监督职能的思考[J]. 理论建设，2014(04).

44. 时少博．当前事业单位内部控制评价模式探索[J]. 财会学习，2021(29).

45. 李长华．公立医院内部控制实施问题探讨[J]. 行政事业资产与财务，2021(09).

46. 杨威．关于行政事业单位内部控制信息系统建设的几点构想[J]. 经济师，2021(01).

47. 陈绍君．事业单位内控信息化建设探索与实践[J]. 环渤海经济瞭望，2020(11).

48. 朱璟璐．行政事业单位内部控制报告编报问题及对策研究[J]. 行政事业资产与财务，2021(06).

49. 原思思．行政事业单位内部控制报告编制问题分析[J]. 财会学习，2021(31).

50. 肖文秀．行政事业单位内部控制报告质量研究[J]. 财会学习，2021(32).

51. 包仁杰．行政事业单位内部控制评价探究[J]．行政事业资产与财务，2021(19).

52. 王利民．行政事业单位内控信息化建设的思路建议[J]．财务与会计，2019(21).

53. 何如．内部控制评价与内部控制审计协调的实践与思考[J]．预算管理与会计，2022(02).

54. 辛伟童．浅析行政事业单位内部控制实施存在的问题与对策[J]．当代会计，2020(22).

55. 中国电力国际有限公司审计部制定内部控制手册构建内部控制体系[J]．中国内部审计，2007(10).

56. 杨建新．浅谈中石化《内部控制手册》的贯彻执行及建议[J]．江汉石油职工大学学报，2014(03).

57. 乔雯雯．财务内控手册建设实践——以A公司为例[J]．财务管理研究，2021(06).

专著：

1. 张庆龙．新编行政事业单位内部控制建设原理与操作实务[M]．北京：电子工业出版社，2017.

2. 方周文，张庆龙，聂兴凯．行政事业单位内部控制规范实施指南(修订版)[M]．上海：立信会计出版社，2017.

3. 张庆龙，王洁．新编公立医院内部控制管理操作实务指南[M]．北京：中国财政经济出版社，2021.

4. 周志峰．群体智慧视域下政府数据开放的管理研究[M]．武汉：武汉大学出版社，2020.